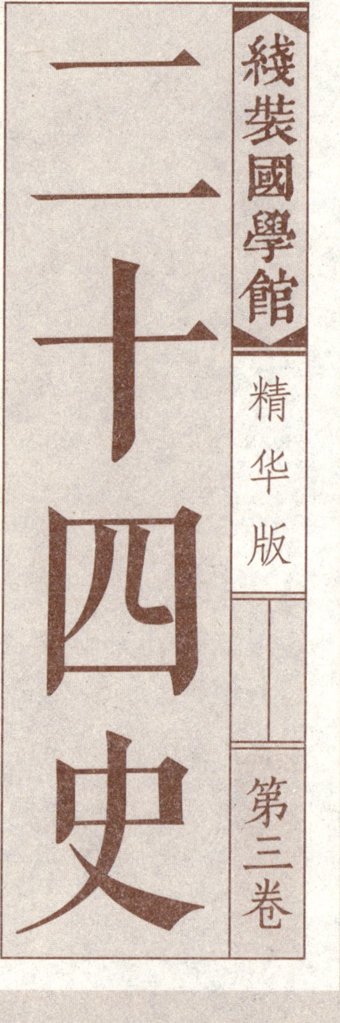

綫裝國學館

南史

二十四史精华

唐·李延寿著

陈后主本纪

后主讳叔宝，字元秀，小字黄奴，宣帝嫡长子也。梁承圣二年十一月戊寅，生于江陵。明年①，魏平江陵，宣帝迁于长安，留后主于穰城。天嘉三年，归建邺，立为安成王世子。光大二年，累迁②侍中。

太建元年正月甲午，立为皇太子。十四年正月甲寅，宣帝崩。乙卯，始兴王叔陵构逆伏诛。丁巳，太子即皇帝位于太极前殿，大赦，在位文武及孝悌力田为父后者，并赐爵一级，孤老鳏寡不能自存③者，赐谷人五斛、帛二匹。癸亥，以侍中、丹阳尹、长沙王叔坚为骠骑将军、开府仪同三司、扬州刺史。乙丑，尊皇后为皇太后。丁卯，立皇弟叔重为始兴王，奉昭烈王祀。己巳，立妃沈氏为皇后。辛未，立皇弟叔俨为寻阳王，叔慎为岳阳王，叔达为义阳王，叔熊为巴山王，叔虞为武昌王。甲戌，设④无碍大会于太极前殿。

注释 ①明年：第二年。②累迁：屡次晋升之意。③自存：自己谋生。④设：举行。

译文 陈后主名为叔宝，宣帝陈顼嫡长子，字元秀，小字黄奴。承圣二年十一月戊寅日，生于江陵。第二年，西魏攻陷江陵，陈顼被俘虏到长安，将陈叔宝留在穰城。陈文帝天嘉三年，陈顼回到建邺，立陈叔宝为安成王陈顼的世子。光大二年，官位多次得到提升，官至侍中。

太建元年正月甲午日，陈叔宝被立为皇太子。太建十四年正月甲寅日，宣帝驾崩。乙卯日，始兴王陈叔陵反叛被杀。丁巳日，陈叔宝在太极殿前即皇位，大赦天下，在位的文武官员以及民间孝顺父母、友爱兄弟、致力耕作的民户，嫡长子一律赐给爵位一级，孤老鳏寡不能维持生活的，每人赐谷五斛、帛两匹。癸亥日，任用侍中、丹阳尹、长沙王陈叔坚为骠骑将军、开府仪同三司、扬州刺史。乙丑日，王妃沈氏被立为皇太后。丁卯日，皇弟陈叔重被立为始兴王，继承始兴昭烈王陈道谭一支。己巳日，皇妃沈氏被立为皇后。辛未日，皇弟陈叔俨被立为寻阳王，陈叔慎为岳阳王，陈叔达为义阳王，陈叔熊为巴山王，陈叔虞为武昌王。甲戌日，在太极前殿举行无碍法会。

初隋文帝受周禅，甚敦邻好①，宣帝尚不禁②侵掠。太建末，隋兵大举，闻宣帝崩，乃命班师，遣使赴吊，修③敌国之礼，书称姓名顿首。而后主益骄，书末云：『想彼统内如宜，此宇宙清泰。』隋文帝不说，以示朝臣。清河公杨素以为主辱，再拜请罪，及襄邑公贺若弼并奋求致讨。

后副使袁彦聘隋，窃图隋文帝状以归，后主见之，大骇曰：『吾不欲见此人。』每遣间谍，隋文帝皆给衣马，礼遣以归。

后主愈骄，不虞④外难，荒于酒色，不恤⑤政事，左右嬖佞珥貂者五十人，妇人美貌丽服巧态以从者千余人。常使张贵妃、孔贵人等八人夹坐，江总、孔范等十人预宴，号曰『狎客』。先令八妇人襞采笺，制五言诗，十客一时继和，迟则罚酒。君臣酣饮，从夕达旦，以此为常。而盛修宫室，无时休止。税江税市，征取百端⑥。刑罚酷滥，牢狱常满。

陳叔寶像

注释 ①甚敦邻好：特别注重与邻国间的和睦相处。②不禁：不能制止。③修：即用。④不虞：即不把某事放在心上。⑤不恤：不过问。⑥征取百端：征税的名目繁多。

譯文 起初，隋文帝接受北周的禅让，与邻国友好相处，陈宣帝还不能制止北兵的入侵掠夺。太建末年，隋朝大军南下，听说陈宣帝去世，于是就下令班师回朝，派遣使臣到南朝来吊唁，采用平等国家之间的礼仪，在书信上隋文帝自己称名并用顿首的字样。但是陈后主却由此傲慢起来，在回信中最后写道：『想到北国的境内会是安定的，天地广大清明安泰。』隋文帝看了信不高兴，把信给朝臣们看。清河公杨素认为这是对隋国君主的侮辱，再三叩首请罪。同时与襄邑公贺若弼等人都激奋地请求讨伐陈国。后来陈国副使袁彦出使隋朝，暗地里描绘隋文帝的容貌回朝，陈后主见了隋文帝的画像，大为惊恐说：『我不想看到这个人。』陈朝每次派间谍北来，隋文帝都会供给衣服马匹，以礼待之而遣送回陈朝。

陈后主更加骄傲，不担忧境外强敌，沉湎于酒色之中，不关心国家政事，左右亲幸的侍从冠上佩带貂尾的有五十人，形容美貌、服饰华丽，陪从在身边的女子有一千多。陈后主经常让张贵妃、孔贵人等八个美女夹着自己坐着，江总、孔范等十人参加欢宴作乐，号称『狎客』。每次先让八个女子叠好彩笺，作五言诗，十个客人相继和诗，超过时间就罚酒。君臣经

常通宵达旦畅饮，并且大修宫殿，没有止尽。他还从江上和市场上征税，征税的名目繁多，百般掠夺。滥用酷刑，监狱常常人满为患。

覆舟山及蒋山柏林，冬月常多采醴①，后主以为甘露之瑞。前后灾异甚多。有神自称老子，游于都下，与人对语而不见形，言吉凶多验，得酒辄酹之②，经三四年乃去。船下有声云『明年乱』。视之，得婴儿长三尺而无头。蒋山众鸟鼓两翼以拊膺③，曰『奈何帝！奈何帝！』又建邺城无故自坏。青龙出建阳门，井涌雾，赤地生黑白毛，大风拔朱雀门，临平湖草旧塞，忽然自通。后主又梦黄衣人围城，乃尽去绕城橘树。又见大蛇中分，首尾各走。夜中索饮，忽变为血。有血沾阶至于坐床头而火起。有狐入其床下，捕之不见。以为祆，乃自卖于佛寺为奴以禳之。于郭内大皇佛寺起七层塔，未毕，火从中起，飞至石头，烧死者甚众。又采木湘州，拟造正寝，筏至牛渚矶，尽没水中，既而渔人见筏浮于海上。起④齐云观，国人歌曰：『齐云观，寇来无际畔。』始北齐末，诸省官人多称省主，未几而灭。至是举朝亦有此称，识者以为省主，主将见省之兆。

注释　①采醴：即分泌出甘甜的液汁。②酹之：这里指饮酒。③拊膺：即拍胸。④起：指建造。

译文　覆舟山与蒋山的柏树林，冬月经常有很多从树皮上分泌出来的汁液，陈后主认为这是天降甘露的祥瑞。在这先后出现了许多灾异之事。有神仙自称是老子，在京城里游荡，同别人谈话但看不到他的身形，预言吉凶的事常常应验，得到酒便一饮而尽，历经三四年才从街面消失。有人听到在船底下有说话声音，说：『明年大乱。』往船下看，发现一个三尺长的婴儿没有头。蒋山上有许多鸟鼓动双翅拍打胸脯，鸣叫的声音就像『奈何帝！奈何帝！』还有建邺城墙无缘无故自己塌坏。有青龙飞出建阳门，井里喷涌出雾气，干旱的地上长出黑草白草，大风卷起朱雀门。临平湖过去被水草堵塞不流，忽然水自通流出。陈后主又梦到穿黄衣的人来围攻都城，于是把环绕城墙四周的橘树全都砍掉。他又曾梦到一条大蛇从中分成两段，头和尾各自爬走。夜里要水喝，忽然水变成了血。有血沾湿台阶又浸润到坐床，忽然变成火烧起来。有只狐狸钻到床下，派人捕捉时却不见了。陈后主认为这些都是妖异，于是便到佛寺去卖身为奴以便禳除灾祸。在外城的大皇佛寺建造七层塔，还没完工，火从塔中烧起，大火飞到石头城，烧死很多人。又在湘州采购木材，打算修建正殿，木排到达牛渚矶时，全都沉入水中，不久打鱼人看见木排都在大海上漂浮。造齐云观时，国内有人唱歌说：『齐云观，与云齐，敌人到来无边又无际。』先前在北齐末年，各省长官大多称为省主，不久北齐灭亡。后主这时，整个朝廷也有这种称号，有见识的人认为省主，将是国主被省去的预兆。

隋文帝谓仆射高颎曰：『我为百姓父母，岂可限一衣带水不拯之乎？』命大作战船。人请密之①，隋文帝曰：『吾将显行天诛，何密之有！使投柹于江，若彼能改，吾又何求。』及纳梁萧瓛、萧岩，隋文愈忿②，以晋王广为元帅，督八十总管致讨。乃送玺书，暴后主二十恶。又散写诏书，书三十万纸，遍喻江外。

诸军既下，江滨镇戍相继奏闻。新除湘州刺史施文庆、中书舍人沈客卿掌机密，并抑而不言③。

初萧岩、萧瓛之至也，德教学士沈君道梦殿前长人④，朱衣武冠，头出栏上，攘臂怒曰：『那忽受叛萧误人事。』后主闻之，忌二萧，故远散其众，以岩为东扬州刺史，瓛为吴州刺史。使领军任忠出守吴兴郡，以襟带二州。使南平王嶷镇江州，永嘉王彦镇南徐州。寻召二王赴期明年元会，命缘江诸防船舰，悉从二王还都为威势，以示梁人之来者，由是江中无一斗船。上流诸州兵，皆阻杨素军不得至。都下甲士尚十余万人。及闻隋军临江，后主曰：『王气在此，齐兵三度来，周兵再度至，无不摧没⑤。虏今来者必自败。』孔范亦言无渡江理。但奏伎纵酒，作诗不辍。

注释 ①密之：即秘密造战船。②愈忿：更加生气。③抑而不言：这里指没有将警报上奏给皇帝。④长人：即高大之人。⑤摧没：击退溃败。

译文 隋文帝对仆射高颎说：『我身为百姓的父母，哪能因为隔着一条衣带宽的长江而不拯救南方的百姓呢？』于是大造战船。有人请求秘密制造，隋文帝说：『我将公开替天讨伐陈国，不用躲藏着，假如扔块木片到长江里，陈后主就能改恶从善，我有什么理由去讨伐他呢？』当陈后主接纳后梁萧瓛、萧岩之后，隋文帝更加气愤，命令晋王杨广为元帅，统领八十个总管率军去攻打。于是传送檄书，列举揭露陈后主二十条罪状。又到处散发诏书，写出三十万张，告知江南百姓。

隋朝的各路大军南下，长江沿岸陈朝的镇守官员接连送来警报。新任湘州刺史施文庆、中书舍人沈客卿掌握机要大权，把警报都压住不上奏。

起初萧岩、萧瓛到来，德教学士沈君道梦见宫殿前有个穿红衣戴武士帽高大的人，头超过木栏之上，挥动手臂发怒说：『怎么轻易地接受叛变的萧氏，这是要误大事的。』后主听说后，就开始猜忌二萧，所以将他们手中的兵力远远地调离，任萧岩为东扬州刺史，萧瓛为吴州刺史。陈后主派遣领

军任忠出京城镇守吴兴郡，以便控制东扬州和吴州。又派南平王陈嶷镇守江州，永嘉王陈彦镇守南徐州；不久召二王前来参加第二年元旦的朝会，下令沿江各处江防用的战船，全都随从二王回家以壮声势，借此向归降的后梁人显示军威，因此江里再没有一条战船。上流各驻军，都在堵截杨素的部队而不能前来。京城里屯驻的士兵还有十多万人。当听说隋军也攻到江边时，后主说：『帝王之气在此，齐兵来攻三次，周兵来攻两次，都被打退了。敌寇如今又来进攻必然自取失败。』孔范也说隋兵没有渡江的可能。陈后主只是继续听歌伎奏乐纵情饮酒，仍不停作诗。

三年春正月乙丑朔，朝会，大雾四塞①，入人鼻皆辛酸。后主昏睡，至晡时乃罢。是日，隋将贺若弼自北道广陵济，韩擒虎趋横江济，分兵晨袭采石，取之。进拔姑孰，次于新林。时弼攻下京口，缘江诸戍望风尽走，弼分兵断曲阿之冲而入。丙寅，采石戍主徐子建至告变。戊辰，乃下诏曰：『犬羊陵纵②，侵窃郊畿，蜂虿有毒，宜时扫定，朕当亲御六师，廓清八表，内外并可戒严③。』于是以萧摩诃为皇畿大都督，樊猛为上流大都督，樊毅为下流大都督，司马消难、施文庆并为大监军，重立赏格④，分兵镇守要害，僧尼道士尽皆执役。

注释 ①大雾四塞：即大雾弥漫。②犬羊陵纵：像犬羊一般地欺凌放纵。③戒严：即严阵以待。④重立赏格：确立优厚的奖赏条例。

译文 三年春正月乙丑初一日，这日举行朝会，雾气弥漫，人吸入雾气后，鼻孔感到一阵辛酸。后主昏睡到傍晚时才醒过来。这天隋将贺若弼从北道广陵渡江，韩擒虎赶到横江渡江，分兵在凌晨袭击并占领采石。隋军又挺进攻占姑孰，进军到新林。这时贺若弼又攻下京口，陈朝沿江的驻军望风而逃，贺若弼分兵闯过曲阿的要冲继续深入。丙寅日，采石戍守主将徐子建前来报告说形势的变化。戊辰日，陈后主下诏说：『隋军像犬羊一般地欺凌狂放，侵犯京城郊区，剧毒有害的蜂毒，应当及时扫除，朕将亲率六军，肃清国内八方，京城内外应当全部严阵以待。』于是任萧摩诃为皇都大都督，樊猛为上流大都督，樊毅为下流大都督，司马消难、施文庆都为大监军，确立优厚的奖赏条例，分兵镇守要害地区，僧尼道士都被强迫执行各种劳役。

庚午，贺若弼攻陷南徐州。辛未，韩擒虎又陷南豫州。隋军南北道并进。辛巳，贺若弼进军钟山，顿白土冈之东南，众军败绩。弼乘胜进军宫城，烧北掖门。是时，韩擒虎率众自新林至石子冈，镇东大将军任忠出降擒虎，

仍引擒虎经朱雀航趣宫城，自南掖门入。城内文武百司皆遁出①，唯尚书仆射袁宪、后阁舍人夏侯公韵侍侧。宪劝端坐殿上，正色②以待之。后主曰：『锋刃之下，未可及当，吾自有计。』乃逃于井。二人苦谏不从，以身蔽井，后主与争久之方得入。沈后居处如常。太子深年十五，闭阁③而坐，舍人孔伯鱼侍焉。戍士叩阁而入，深安坐劳之曰：『戎旅在涂，不至劳也。』既而军人窥井而呼之，后主不应。欲下石，乃闻叫声。以绳引④之，惊其太重，及出，乃与张贵妃、孔贵人三人同乘而上。隋文帝闻之大惊。开府鲍宏曰：『东井上于天文为秦，今王都所在，投井其天意邪。』先是江东谣多唱王献之《桃叶辞》，云：『桃叶复桃叶，度江不用楫，但度无所苦⑤，我自接迎汝。』及晋王广军于六合镇，其山名桃叶，果乘陈船而度。丙戌，晋王广入据台城，送后主于东宫。

注释 ①遁出：逃出之意。②正色：表情庄重。③闭阁：即关上门。④引：拉之意。⑤无所苦：没有什么困难。

译文 在庚午日这天，贺若弼攻陷南徐州。辛未日，韩擒虎又攻陷南豫州。隋军南北两路齐头并进。辛巳日，贺若弼进军到达钟山，驻军于白土冈的东南方，陈朝各军战败。贺若弼乘胜攻打宫城，火烧北掖门。这时，韩擒虎率领众军从新林到达石子冈，镇东大将军任忠出城向韩擒虎投降，然后引导韩擒虎经过朱雀航攻打宫城，从南掖门攻入。城内的文武百官都出城逃命，只有尚书仆射袁宪、后阁舍人夏侯公韵守在皇帝身边。袁宪劝陈后主端正地坐在正殿上，以庄重的神情等待隋军的到来。后主说：『在锋利的剑刃之下，来不及抵挡，我自有计谋来对付。』于是逃入井中。袁宪、夏侯公韵两人苦劝不止，他们用身子挡住井口，后主和他们争执很久才躲进井里。沈皇后坐在宫里如往常一样。太子陈深十五岁，关闭阁门独坐，舍人孔伯鱼在旁服侍。隋兵推开阁门进来，陈深安然地坐着慰劳他们说：『途中行军，没有能够去慰劳你们！』不久，隋军向井里察看并且呼喊，陈后主不敢应声。隋军要向井里扔石头，才听到下边的叫喊声。隋军拿来绳子把他拉上来，大家都惊奇地感到陈后主很沉重，当拉上来一看，才知道是陈后主和张贵妃、孔贵人三个人同拉一根绳子上来的。隋文帝听到后大为吃惊。开府鲍宏说：『东井星宿在天上是秦地的分野，如今是王都所在的地方，他投入井中，怕是天意吧！』先前江东歌谣多唱王献之的《桃叶辞》，说：『桃叶又桃叶，渡江不用桨，过江无困难，我来迎接你。』等到隋朝晋王杨广在六合镇驻军，那里的山名叫桃叶，后来果真是乘陈朝的船渡了江。丙戌日，晋王杨广进兵占据宫城，将陈后主送入东宫居住。

三月己巳，后主与王公百司，同发自建邺，之长安。

隋文帝权分京城人宅以俟①，内外修整，遣使迎劳②之，陈人讴咏，忘其亡焉。使还奏言：『自后主以下，大小在路，五百里累累③不绝。』隋文帝嗟叹曰：『一至于此。』及至京师，列陈之舆服器物于庭，引后主于前，及前后二太子、诸父诸弟众子之为王者，凡二十八人；司空司马消难、尚书令江总、仆射袁宪、骠骑萧摩诃、护军樊毅、中领军鲁广达、镇军将军任忠、吏部尚书姚察、侍中中书令蔡征、左卫将军樊猛，自尚书郎以上二百余人，文帝使纳言宣诏劳之。次使内史令宣诏让后主，后主伏地屏息不能对，乃见宥④。隋文帝诏陈武、文、宣三帝陵，总给五户分守之。

初，武帝始即位，其夜奉朝请史普直宿省，梦有人白天而下，导从数十，至太极殿前，北面执玉策金字曰：『陈氏五帝三十二年。』及后主在东宫时，有妇人突入，唱曰『毕国主⑤』。有鸟一足，集⑥其殿庭，以嘴画地成文，曰：『独足上高台，盛草变为灰，欲知我家处，朱门当水开。』解者以为独足盖指后主独行无众，盛草言荒秽，隋承火运，草得火而灰。及至京师，与其家属馆于都水台，所谓上高台当水也。其言皆验。或言后主名叔宝，反语为『少福』，亦败亡之征云。

注释 ①俟：等待。②迎劳：即迎接慰问。③累累：形容连绵不断的样子。④乃见宥：于是被原谅。⑤毕国主：最后的国主。⑥集：即休息之意。

译文 陈后主和王公百官一同在三月己巳日从建邺出发，到长安去。隋文帝暂时腾出京城人家的住宅等待陈朝君臣，对住宅加以修整，又派出使臣去迎接慰劳他们，陈朝的人却咏诗吟唱，竟忘记了他们是亡国的俘虏。使臣回来报告说：『自陈后主以下，男女老少在路上走着，足有五百里络绎不绝。』隋文帝叹息说：『竟落到这样的下场。』当陈朝人到了长安，把陈朝皇帝的车服器物陈列在庭中，引导后主排列在前列，以及前后两个皇太子、陈后主的叔父兄弟儿子封王的，总计二十八人；还有司空司马难消、尚书令江总、仆射袁宪、骠骑萧摩诃、护军樊毅、中领军鲁广达、镇军将军任忠、吏部尚书姚察、侍中中书令蔡征、左卫将军樊猛，自尚书郎以上官员两百多人。另外派内史令宣布诏令责备陈后主，后主跪伏在地屏住气不能回答，于是得到了宽恕。隋文帝下诏说陈武帝、文帝、宣帝三个帝陵，总共给五户守陵户分别守陵。

起初，陈武帝即位后，当夜奉朝请史普在宫中值宿，梦见有人从天而降，来到太极殿前的导引和随从有几十人，朝北手执写着金字的玉版说：『陈氏五个皇帝在位三十二年。』当后主在东宫时，有个女人突然闯进宫来，唱着说：『最后的国主。』有只鸟长着一条腿，飞落在殿庭，用嘴在地上写划文字：『独脚上高台，盛草变成灰，欲知我家处，朱门当水开。』解释的人认为，独脚是指陈后主独断专行不得人心；盛草说的是荒秽腐败，隋朝承继五行中的火运，草遇到火便烧成灰；当后主来到京城长安，他和家属都住在都水台，就是说上高台对着水。歌谣里说的都应验了。有的人说陈后主名叫叔宝，反语为『少福』，这也是败亡的征兆。

既见宥，隋文帝给赐甚厚，数得引见①，班同三品。每预宴，恐致伤心，为不奏吴音。后监守者奏言：『叔宝云，「既无秩位，每预朝集，愿得一官号」。』隋文帝曰：『叔宝全无心肝。』监者又言：『叔宝常耽醉，罕有醒时。』隋文帝使节其酒，既而曰：『任其性，不尔，何以过日。』未几，帝又问监者叔宝所嗜。对曰：『嗜驴肉。』问饮酒多少？对曰：『与其子弟日饮一石。』隋文帝大惊。及从东巡，登芒山，侍饮，赋诗曰：『日月光天德，山川壮帝居，太平无以报，愿上东封书。』并表请封禅，隋文帝优诏②谦让不许。后从至仁寿宫，常侍宴，及出，隋文帝目之曰：『此败岂不由酒；将作诗功夫，何如思安时事。当贺若弼度③京口，彼人密启告急，叔宝为饮酒，遂不省④之。高颎至日，犹见启在床下，未开封。此亦是可笑，盖天亡也。昔苻氏所征得国，皆荣贵其主。苟欲求名，不知违天命，与之官，乃违天也。』

隋文帝以陈氏子弟既多，恐京下为过，皆分置诸州县，每岁赐以衣服以安全之。

后主以隋仁寿四年十一月壬子，终于洛阳，时年五十二。赠大将军，封长城县公，谥曰炀。葬河南洛阳之芒山。

注释 ①引见：即召见。②优诏：即下宽慰的诏书。③度：攻到之意。④省：知道。

译文 陈后主被饶恕后，隋文帝对他的封赐非常优厚，并屡次予以召见，班位与三品官相等。每次参加隋文帝举行的宴会，隋文帝从来不命令演奏吴地的歌曲，是为了担心陈后主闻旧音伤心。后来负责监视的官员上奏说：『陈叔宝说，「既然没有官位，但常常参加朝廷的集会，希望能得到一个官号」。』隋文帝说：『陈叔宝全无心肝。』监视的官员又报告说：『陈叔宝经常醉酒昏睡，很少有清醒的时候。』隋文帝下令减少酒的供给，不久又说：『由着他的性子，不这样，他怎么过日子。』过了不久，隋文帝问监视的人陈叔宝有什么嗜好。回答说：『爱吃驴肉。』又问能喝多少酒？回答说：『陈叔宝和他的子弟们每天要喝一石。』隋文帝听了大惊。后来陈后主陪从隋文帝往东去巡狩，登上芒山，陈后主陪酒，作诗说：『日月光示上天恩德，山川壮丽衬映帝王所居，安享太平无以报答，

愿意献上东封泰山的奏书。』并且撰写表章请求祭祀泰山，隋文帝下了宽慰的诏书表示谦让，但没有答应。后来陈后主又随从隋文帝到仁寿宫，经常陪宴，当退席走出来，隋文帝目送着陈后主说：『这人败亡，难道不是因为喝酒吗？将精力都放在诗歌创作上，他哪里有时间来思量国家大事？当贺若弼打到京口时，陈朝人秘密上奏告急，陈叔宝因为贪杯，所以不知道这件事。高颎打进宫中的那天，还看见密件在床底下放着，还没开封。这也的确可笑，这是天要亡陈。先前苻坚对待被征服的国家，都让亡国之主享受荣华富贵。这只是为了沽名钓誉，却不知违背天意，如果真给陈叔宝官职，这便是违背天意了。』

隋文帝认为陈氏子弟人数过多，恐怕留在京城里会形成祸害，就将其分别安置到各个州县去，每年赐给衣服使他们安稳生活。

隋文帝仁寿四年十一月壬子日，陈后主死在洛阳，时年五十二岁。追赠为大将军，封为长城县公，谥号为炀，葬在河南洛阳的芒山。

二十四史精华

北史

唐·李延寿著

尔朱荣传

尔朱荣字天宝，北秀容人也。世为部落酋帅，其先居尔朱川，因为氏焉。

高祖羽健，魏登国初为领人酋长，率契胡武士从平晋阳，定中山，拜散骑常侍。以居秀容川，诏割方三百里封之，长为世业①。道武初，以南秀容川原沃衍，欲令居之。羽健曰：『家世奉国，给侍左右，北秀容既在畿内，差近②京师，岂以沃塉，更迁远地？』帝许之。所居处曾有狗舐地，因而穿之得甘泉，因名狗舐泉。

曾祖郁德，祖代勤，继为酋长。代勤，太武敬哀皇后舅也。既以外亲，兼数征伐有功，给复百年③，除立义将军。曾围山而猎，部人射虎，误中其髀，代勤仍令拔箭，竟不推问，曰：『此既过误，何忍加罪。』部内咸感其意。位肆州刺史，封梁郡公，以老致仕，岁赐帛百匹以为常。卒，谥曰庄。孝庄初，追赠太师、司徒公、录尚书事。

父新兴，太和中继为酋长。曾行马群，见一白蛇，头有两角，咒之，求畜牧蕃息。自是牛羊驼马，日觉滋盛，色别为群④，谷量之。朝廷每有征讨，辄献私马，兼备资粮，助裨军用。孝文嘉之。及迁洛，特听冬朝京师，夏归部落。每入朝，诸公王朝贵，竞以珍玩遗⑤之，新兴亦报以名马。位散骑常侍、平北将军、秀容第一领人酋长。新兴每春秋二时，恒与妻子阅畜牧于川泽，射猎自娱。明帝时，以年老，启求传爵于荣。卒，谥曰简。孝庄初，赠⑥太师、相国、西河郡王。

注释 ①长为世业：为其时代产业。②差近：接近之意。③给复百年：即免除徭役一百年。④色别为群：以颜色来区别畜群。⑤遗：赠送。⑥赠：追赠之意。

译文 尔朱荣，北秀容人，字号天宝。他家世代担任部落酋长，他的祖先居住在尔朱川，因此，尔朱成为他的姓氏。

尔朱羽健是尔朱荣的高祖父，北魏道武帝登国初年，任契胡部落的领民酋长，率领契胡武士随从道武帝平定晋阳，攻取中山，官拜散骑常侍。他当时居住在秀容川，于是道武帝就下诏割出秀容川一带三百里的土地封给他，作为子孙相传的产业。道武帝正式即位后，因为南秀容川的土地肥沃平坦，打算让尔朱羽健迁居到那里。尔朱羽健说：『我们家世代为国家服务，侍从于皇帝左右，听使调遣。北秀容一带现已在我治理之下，这地方离京城也还比较近。我怎么能只考虑土地的肥瘠，就搬到远离陛下的地方呢？』道武帝于是就准许他仍然住在原地。尔朱羽健的住处附近曾经有狗用舌头舐地，因而在那地方挖出了一股甘泉，于是把该泉命名为狗舐泉。

尔朱荣的曾祖父尔朱郁德，祖父尔朱代勤，相继担任部落领民酋长。尔朱代勤是北魏太武帝敬哀皇后的舅父。因为他是皇帝的外戚，又屡次出征作战立有功劳，太武帝下令免除他家里一百年的赋役，并拜他为立义将军。有一次尔朱代勤率众围山打猎，部落中的人射老虎，误射中尔朱代勤的大腿。尔朱代勤只让人把箭拔出来，并不加以追究，说：『这既然是无心而犯的过错，我怎么忍心加罪呢？』部落中的人都为他的宽厚所感动。后来做到肆州刺史，加封梁郡公。因年老退休，皇帝每年赏赐他一百匹丝绸，后来形成了常制。他死后，谥号称为庄。在孝庄帝初年追赠尔朱代勤为太师、司徒公、录尚书事。

尔朱新兴是尔朱荣的父亲，在太和年间继任酋长。他曾经巡察马群，看见一条头上长有两只角的白蛇。便向它祈祷，希望保佑牲畜不断繁衍生息。此后，部落中的牛羊驼马等牲畜，一天比一天多，以至于后来把它们按颜色专门分群，每群都以山谷作为计量单位。北魏朝廷每遇到对外战事，尔朱新兴就献上自己的私有马匹，并兼备资财粮草，帮助解决军队的费用。孝文帝因此对他十分欣赏。到迁都洛阳以后，特旨准许他冬天到京城朝见，夏天回本部落休养。每次入朝，朝中的王侯公卿等贵族争相送给他各种奇珍异宝，尔朱新兴也以良种骏马回赠。官至散骑常侍，平北将军，秀容第一领民酋长。每年春秋两季，尔朱新兴都要带着妻子儿女到临水的草原上检阅放牧情况，并举行狩猎活动作为娱乐。孝明帝时，尔朱新兴因为年老，上书请求把爵位传给尔朱荣。去世后，谥号为简。孝庄帝初年，追赠尔朱新兴为太师、相国、西河郡王。

荣洁白美容貌，幼而神机明决①。及长，好射猎，每设围誓众，便为军阵之法，号令严肃，众莫敢犯。秀容界有池三所，在高山上，清深不测，相传曰祁连池，魏言天池也。父新兴曾与荣游池上，忽闻箫鼓音，谓荣曰：『古老相传，闻此声，皆至公辅。吾年老暮②，当为汝耳。』荣袭爵，后除直寝、游击将军。

正光中，四方兵起，遂散畜牧，招合义勇③。以讨贼功，进封博陵郡公，其梁郡前爵听赐第二子。时荣率众至肆州，刺史尉庆宾闭城不纳。荣怒，攻拔之，乃署其从叔羽生为刺史，执庆宾还秀容。自是兵威渐盛，朝廷亦不能罪责。及葛荣吞杜洛周，荣恐其南逼邺城，表求东援相州，帝不许。荣以山东贼盛，虑其西逸④，乃遣兵固守滏口以防之。于是北捍马邑，东塞井陉。

寻属明帝崩，事出仓卒，荣乃与元天穆等密议，入匡朝廷。抗表云：『今海内草草，异口一言，皆云大行皇帝鸩毒致祸⑤，举潘嫔之女以诳百姓，奉未言之儿而临四

海。求以徐纥、郑俨之徒，付之司败。更召宗亲，推其明德。』于是将赴京师。灵太后甚惧，诏以李神轨为大都督，将于太行杜防。荣抗表之始，遣从子天光、亲信奚毅及仓头王相入洛，与从弟世隆密议废立。天光乃见庄帝，具论荣心，帝许之。天光等还北，荣发晋阳，犹疑所立，乃以铜铸孝文及咸阳王禧等五王子孙像，成者当奉为主。唯庄帝独就⑥。师次河内，重遣王相密迎庄帝与帝兄彭城王劭、弟始平王子正。武泰元年四月，庄帝自高渚度⑦，至荣军，将士咸称万岁。

注释　①神机明决：神情机警聪明果决。②老耆：上年纪。③义勇：指义勇之士。④西逸：即向西逃。⑤鸩毒致祸：即被毒酒毒死。⑥就：成功之意。⑦度：即渡河。

译文　尔朱荣长相俊美，皮肤白皙，小时候就神情机警，聪明果断。当他长大后，特别喜欢射箭打猎，他每次设置围猎都与众人宣誓，然后就演练作战时的军阵程式，号令严明，没有人敢冒犯。有三个处于秀容的边境上且位于高山之上的水池，水色清澈透明，没人知道到底有多深。相传名字叫祁连池，北魏称为天池。尔朱新兴曾带着尔朱荣在池上游览，忽然听到箫鼓的声音，就对尔朱荣说：『上年纪的人相传，听到这种声音的人，将来会做到三公宰相的高位。今天这声音大概是为你而发的吧，因为我已经年纪老了。』尔朱荣承袭了父亲的爵位，后来又官拜直寝、游击将军。

正光年间，正当烽烟四起之时，尔朱荣散发牲畜，招纳义勇组织军队。因为讨伐贼寇有功，晋封为博陵郡公，原来家传的爵位梁郡公恩准赐给他的第二个儿子承袭。当时尔朱荣率领军队到了肆州，刺史尉庆宾紧闭城门不予接纳。尔朱荣大怒，就攻占了肆州，任命他的堂叔尔朱羽生为肆州刺史，把尉庆宾抓回了秀容。自此之后尔米荣的兵力日渐强大，北魏朝廷也无力加以惩罚。到了葛荣吞并杜洛周起义军以后，尔朱荣担心葛荣会南下进逼邺城，上表请求东进到相州一带增援，孝明帝没有答应。尔朱荣见到太行山以东的起义军力量不断壮大，怕他们向西发展，就派遣部队坚守滏口，加以防御。于是尔朱荣的军队在北面捍卫住马邑，东面把守着井陉要道。

不久，孝明帝突然去世，事情来得特别仓促。尔朱荣就和北魏帝室亲属元天穆等人暗中商议，准备入朝辅政。他上书直言道：『目前国内人心骚动，大家异口同声，都说先皇帝是中毒致死的。朝廷先拿潘嫔生的女儿冒充太子欺骗百姓，随后又立了一个还不会说话的幼儿君临天下。我们要求把徐纥、郑俨这些佞幸之徒都抓起来，交给司法官员论罪。然后再召集宗室亲王，重新推选一个有德之君为天下之主。』于是就准备开赴京师。皇太后胡氏闻讯十分害怕，下诏委任李神轨为大都督，准备在太行山一带布防。尔朱荣在一开始上表的时候，就派侄子尔朱天光、亲信奚毅及家人王相进入洛阳，和在洛阳做官的堂弟尔朱世隆一同暗中商议废立皇帝的计划。尔朱天光随即拜见了长乐王元子攸，也就是后来的北魏孝庄帝，向他陈述尔朱荣准备拥立他为皇帝的打算，孝庄帝表示同意。尔朱天光等人北返之后，尔朱荣就从晋阳统兵南下。临行对拥立计划又有些犹疑，就专门用铜铸造孝文帝以及咸阳王元禧等五位亲王子孙们的塑像，塑像能铸成的，就推奉他为皇帝。结果只有孝庄帝一人的塑像铸成。军队停驻在河内，尔朱荣再次派遣王相秘密迎接孝庄帝，以及孝庄帝的哥哥彭城王元劭和弟弟始平王元子正。孝庄帝在武泰元年四月，从高渚出发渡过黄河，到达尔朱荣的军营，将士们全都呼喊万岁。

及庄帝即位，诏以荣为使持节、都督中外诸军事、大将军、开府、尚书令、领军将军、领左右、太原王。及度河，太后乃下发入道，内外百官皆向河桥迎驾。荣惑①武卫将军费穆之言，谓天下乘机可取，乃谲②朝士共为盟誓，将向河阴西北三里，至南北长堤，悉命下马西度，即遣胡骑四面围之。妄言丞相高阳王欲反，杀百官王公卿士二千余人，皆敛手就戮。又命二三十人拔刀走行宫。庄帝及彭城王、霸城王俱出帐。荣先遣并州人郭罗察共西部高车叱列杀鬼在帝左右，相与为应。及见事起，假言防卫，抱帝入帐，余人即害彭城、霸城二王。乃令四五十人迁帝于河桥，沉灵太后及少主于河。时又有朝士百余人后至，仍于堤东被围。遂临以白刃，唱云能为禅文者出，当原其命。时有陇西李神儁、顿丘李谐、太原温子昇立当世辞人，皆在围中，耻是从命，俯伏不应。有御史赵元则者，恐不免死，出作禅文。荣令人诫军士，言元氏既灭，尔朱氏兴，其众咸称万岁。荣遂铸金为己像，数四不成。时荣所信幽州人刘灵助善卜占，言今时人事未可。荣乃曰：『若我作不吉，当迎天穆立之。』灵助曰：『天穆亦不吉，唯长乐王有王兆耳。』荣亦精神恍惚，不自支持，遂便愧悔③，至四更中，乃迎庄帝，望马首叩头请死。其士马三千余骑，既滥杀朝士，乃不敢入京，即欲向北为移都之计。待疑经日，始奉驾向洛阳宫。及上北芒，视城阙，复怀畏惧④，不肯更前。武卫将军汎礼苦执不听，复前入城，不朝戍，北来之人，皆乘马入殿。诸贵死散⑤，无复次序，庄帝左右，唯有故旧数人。荣犹执移都之议，上亦无以拒焉。又在明光殿重谢河桥之事，誓言无复二心。庄帝自起止之，因复为荣誓，言无疑心，荣喜，因求酒一遍。及醉熟，帝欲诛之，左右苦谏乃止。即以床舆向中常侍省。荣夜半方寤，遂达旦不眠。自此不复禁中宿矣。

注释　①惑：被迷惑。②谲：欺骗之意。③愧悔：即惭愧后

悔之意。④复怀畏惧：犹豫不决之意。⑤诸贵死散：即高官显贵们死的死散的散。

譯文 当孝庄帝即位后，任命尔朱荣为使持节、都督中外诸军事、大将军、开府、尚书令、领军将军、领左右，并且加封他为太原王。当他们渡过黄河时，灵太后就剃掉头发进了道观，朝廷百官都到河边迎接孝庄帝。

尔朱荣被费穆可以乘此机会夺取天下的言语所蛊惑，于是就欺骗朝廷百官一起盟誓，带领他们去河阴西北三里之处。当到了南北长堤，他就命令他们全部下马从西边渡河，并马上派胡人的骑兵从四面包围他们。他诬陷丞相高阳王元雍企图谋反，杀掉文武百官、王公贵族一共两千多人。这些人毫无防备，束手就戮。尔朱荣又派二三十名军士持刀奔向孝庄帝临时居住的行官。孝庄帝与元劭、元子正兄弟三人一同走出帐外观看。尔朱荣事先已派并州人郭罗察和西部高车人叱列杀鬼在孝庄帝左右侍奉，准备相机与外边互为策应。至此时见到外边已开始行动，便假称防护保卫，抱持着孝庄帝进入帐内。外边的军士就杀害了元劭和元子正。尔朱荣随后命令四五十名军士把孝庄帝挟持到河桥，并把皇太后胡氏以及她扶立的幼帝元钊都沉到黄河里淹死。这时又有一百多名朝官随后赶到，仍然在大堤东面被包围起来。于是就以钢刀相威胁，宣布说能写禅位给尔朱荣诏书的人可以出来，饶了他的性命。当时陇西人李神儁、顿丘人李谐、太原人温子昇都是当代著名的文章高手，均被包围在里面。这些人耻于从命，都伏在地上不做声。有一个叫赵元则的御史，害怕自己不免一死，就出来写了禅位诏书。尔朱荣随即让人晓谕军士，说元魏王朝已经灭亡，尔朱氏将要代为皇帝。部下的军士都齐呼万岁。于是尔朱荣就用黄金浇铸自己的塑像，铸了好几次也没有铸成。当时尔朱荣信任的一个幽州人叫刘灵助的，善于占卜，对尔朱荣说现在做皇帝，人事方面的条件还不具备。尔朱荣就说：『要是我做皇帝不吉利，那就把元天穆接来，立他好了。』刘灵助说：『元天穆也不吉利。只有长乐王才有做皇帝的天命。』尔朱荣感到精神恍惚，心理上支持不住，就有了惭愧追悔的意思。到夜里四更左右，又把孝庄帝接回来，对着孝庄帝的马头下拜叩头，请求以死赎罪。尔朱荣带来的军队共有三千多骑兵，既已滥杀了大批朝官，就不敢进入京城洛阳，而想胁迫孝庄帝一同北还，作迁都的打算。这样犹豫不决了好几天，才簇拥着孝庄帝向洛阳的皇宫进发。及至走到北芒山，看见了洛阳的城墙，尔朱荣又害怕起来，不肯往前走。武卫将军汎礼苦苦相劝，也不听从。最后总算进入了洛阳城中，但也没有正式恢复朝会和戍卫制度。北来的军士，都骑着马直接闯入大殿。原来的高官贵族或是被杀，或是已经逃窜，朝廷中毫无秩序章法可言。孝庄帝身边也只剩下少数几个从前的亲信大臣。尔朱荣仍然坚持迁都的意见，孝庄帝也无力与他抗衡。尔朱荣又在明光殿再次就河桥迁驾的事情向孝庄帝谢罪，发誓说自己对孝庄帝绝无二心。孝庄帝亲自站起来劝阻他，并且自己也向尔朱荣发誓，说对尔朱荣信任如故，没有疑心。尔朱荣高兴起来，就请求君臣一起喝一次酒。不久尔朱荣就喝醉睡熟了，孝庄帝打算趁机杀掉他，左右的人苦苦劝阻，于是就把尔朱荣连床抬到了中常侍省。尔朱荣半夜酒劲才醒，后来一直到天亮也没有睡着，从此他再也不敢在宫禁中留宿。

荣女先为明帝嫔，欲上立为后，帝疑未决①。给事黄门侍郎祖莹曰：『昔文公在秦，怀嬴入侍。事有反经合义，陛下独何疑焉？』上遂从之，荣意甚悦。

于时人间犹或云荣欲迁都晋阳，或云欲肆兵大掠，迭相惊恐，人情骇震②。京邑士子，十不一存，率皆逃窜，无敢出者，直卫空虚，官守废旷。荣闻之，上书谢愆。无上王请追尊帝号；诸王、刺史，乞赠三司；其位班三品，请赠令仆；五品之官，各赠方伯；六品已下及白身，赠以镇郡。诸死者无后，听继，即授封爵。均其高下，节级别科，使恩洽存亡，有慰生死。诏如所表。又启帝，遣使巡城劳问③，于是人情遂安，朝士逃亡者，亦稍来归阙。荣又奏请番直，朔望之日，引见三公、令、仆、尚书、九卿及司州牧、河南尹、洛阳河阴执事之官，参论国政，以为常式④。

五月，荣还晋阳，乃令元天穆向京，为侍中、太尉公、录尚书事、京畿大都督，兼领军将军，封上党王，树⑤置腹心在列职，举止所为，皆由其意。七月，诏加荣柱国大将军。

注释 ①未决：即犹豫不决之意。②人情骇震：即人心动荡。③劳问：慰劳问候之意。④常式：常制。⑤树：安放之意。

译文 尔朱荣的女儿先前是孝庄帝的嫔妃，尔朱荣想要孝庄帝立她为皇后，皇帝犹豫不决。给事黄门侍郎祖莹说：『从前晋文公在秦国时，让自己的妻子怀嬴入宫侍奉。此事虽然违反经书上的准则，但事实上却合乎道义。陛下有什么可犹豫的呢？』孝庄帝听从了他的建议，尔朱荣非常高兴。

当时民间还是有人说尔朱荣想把国都迁都到晋阳，还有人说尔朱荣准备放纵士兵大肆抢夺，这些事情都让人们惊恐，人心动荡。京城洛阳里的士人，大都或逃亡或躲避，不敢出来露面。朝廷中官位职守也出现很多空缺，几乎无人当值戍卫。尔朱荣听说这种情况，上书谢罪。奏请追尊孝庄帝的哥哥元劭皇帝帝号，遇害的诸王、刺史都追赠三公的品位，三品官追赠尚书令。仆射、五品官追赠刺史，六品以下直到没有官位的人

都追赠郡守。死者没有了后嗣的，准许过继后嗣，然后再以封爵相授。总的原则是按照原来的官品高低，分级分类赠恤，使皇恩普及于每个人，死者都能得到安慰。孝庄帝下诏就按尔朱荣的奏请去办。尔朱荣又启奏孝庄帝，请求派使节在洛阳城巡视慰劳问候老百姓。于是人心逐渐安定下来，逃亡在外的朝官也慢慢都回到朝中。尔朱荣又上奏请由大臣们轮流值班处理政务，在农历初一和十五这一天，皇帝专门接见三公、尚书令、仆射、各部尚书、九卿以及司州牧、河南尹和洛阳、河阴的有关行政官员，参加讨论国政，并以此为常制。

尔朱荣在五月返回晋阳。于是命令元天穆前去京城，担任侍中、太尉公、录尚书事、京畿大都督，兼领军将军，加封上党王。朝廷各主要机构都安插了尔朱荣的心腹，他们的一言一行，都由尔朱荣决定。七月，诏令把尔朱荣升为柱国大将军。

时葛荣向京师，众号百万，相州刺史李神儁闭门自守。荣率精骑七千，马皆有副，倍道兼行①，东出滏口。而与葛荣众寡非敌。葛荣闻之，喜见于色，乃令其众办长绳，至便缚取。自邺以北，列阵数十里，箕张而进。荣潜军山谷为奇兵，分督将已上三人为一处，处有数百骑，令所在扬尘鼓噪，使贼不测多少。又以人马逼战，刀不如棒，密勒军士，马上各赍袖棒一枚，至战时，虑废腾逐②，不听斩级，使以棒棒之而已。乃分命壮勇，所当冲突，号令严明，将士同奋。荣身自陷阵，出于贼后，表里合击，大破之。于阵禽葛荣，余众悉降。荣恐其疑惧，乃普令③各从所乐，亲属相随，任所居止。于是群情喜悦，登即四散，数十万众，一朝散尽。待出百里之外，乃始分道押领，随便安置，咸得其宜。获其渠帅④，量才授用，新附者咸安。时人服其处分机速。乃槛车送葛荣赴阙。诏加荣大丞相、都督河北畿外诸军事。

初，荣将讨葛荣，军次⑤襄垣，遂大猎⑥，有双兔起于马前，荣弯弓誓之曰：『中则禽葛荣，不中则否。』既而并应弦而殪⑦，三军咸悦。及后，命立碑于其所，号双兔碑。又将战，夜梦一人从葛荣索千牛刀，葛荣初不肯与，此人自称已是道武皇帝，葛荣乃奉刀，此人手持授荣。寤而喜，自知必胜。

注释　①倍道兼行：即日夜兼行。②虑废腾逐：不顾一切地迅速追击敌人。③普令：遍令之意。④渠帅：大将。⑤次：停驻之意。⑥大猎：指大规模的围猎。⑦殪：死。

译文　当时葛荣逼近京城，号称有百万士兵，相州刺史李神儁紧闭城门作坚固的防守。尔朱荣亲自率领七千名精锐骑兵，每人都有正副两匹马，日夜兼程，从东门出了滏口。但人马与葛荣相比却是寡不敌众。葛荣听后，喜形于色，就命令自己部下的军士每人准备一条长绳，打算把尔朱荣的军队手到擒来，一一捆捉。葛荣的军队在邺城以北列了几十里的长阵，张开两翼向前推进。尔朱荣在四周的山谷中埋伏部队，作为奇兵，把督将以上的将领每三个人分派在一处，每处都只有几百名骑兵，让各处一起飞扬尘土，呐喊鼓噪，使敌军无法知道到底有多少军队。又考虑到骑兵贴身近战，与刀相比用棒做兵器更方便，于是暗中下令给军士，让他们在马上各自携带一只袖棒。交战的时候为了不至于妨碍奔驰追逐，不要求斩下敌军的首级，只要用袖棒把他们打倒就可以了。于是分派精锐军士，哪一部分在何处作战，号令严明，将领士卒的情绪都十分高涨。尔朱荣一马当先，亲自率军从葛荣军队后面绕出来，冲锋陷阵。这样各小股军队协同作战，内外一同进击，大败葛荣的军队，当场活捉葛荣，他的部众也全部投降了。尔朱荣担心他们猜疑畏惧，就普遍下令，让他们各自找喜欢去的地方，准许让亲属追随，自选安身之地。因此，众人喜悦，一下子便四散而走，数十万的军队，片刻之间就散光了。等到走出一百多里地后，才开始分路押送，找合适的地方加以安置，每个人都得到了恰当的安排。对擒获的葛荣部将，尔朱荣量才而用，新归附的人也都能安下心来。当时的人佩服他处理事情迅速敏捷。尔朱荣于是用囚车把葛荣押送回朝廷。孝庄帝下诏，加授尔朱荣大丞相，都督河北畿外诸军事。

当初，尔朱荣率领部队征讨葛荣，开到襄垣时，曾进行过大规模的围猎。有一双兔子跳到马前，尔朱荣弯弓搭箭，对天祈祷说：『如果射中，就表明能生擒葛荣；射不中则不能。』结果两只兔子都应弦而死，全军将士大为振奋。到战役结束以后，尔朱荣命令在围猎的地方专门立了一块碑以示纪念，叫做双兔碑。另外，交战头一天夜里，尔朱荣梦见有一个人向葛荣索要他的千牛刀。葛荣开始不肯给，那人自称是北魏开国皇帝道武帝，葛荣于是把刀进献给他，那个人又把刀亲手转交给尔朱荣。尔朱荣梦醒之后就非常高兴，知道自己一定会取得胜利。

又诏以冀州之长乐、相州之南赵、定州之博陵、沧州之浮阳、平州之辽西、燕州之上谷、幽州之渔阳七郡，各万户，通前①满十万，为太原国邑。又加位太师。

建义初，北海王元颢南奔梁，梁立为魏主，资②以兵将。时邢杲以三齐应颢。朝廷以颢孤弱，永安二年春，诏元天穆先平齐地，然后征颢。颢乘虚径进，荥阳、武牢并不守，车驾出居河北。荣闻之，驰传朝行宫于上党之长子，舆驾于是南趣。荣为前驱，旬日之间，兵马大集。天穆平邢杲，亦度河以会。车驾幸河内。荣与颢相持于河上，无船不得即度。议欲还北，更图③后举，黄门郎杨侃、

高道穆等并固执以为不可。属马渚诸杨云有小船数艘，求为乡导。荣乃令都督尔朱兆等率精骑夜济。颢奔，车驾度河，入居华林园。诏加荣天柱大将军，增封④通前二十万户，加前后部羽葆鼓吹。

注释 ①通前：加上从前的总共。②资：即授给之意。③图：意图。④增封：即增加封地之意。

譯文 皇帝又诏令把冀州的长乐郡、相州的南赵郡、定州的博陵郡、沧州的浮阳郡、平州的辽西郡、燕州的上谷郡、幽州的渔阳郡总共七个郡，每郡一万户，加上从前所封的总共有十万户，作为尔朱荣的太远国食邑，并加封他为太师。

建义初年，北海王元颢往南投奔梁朝，梁朝立他为魏主，并赐予他兵将。当时河间人邢杲为响应元颢，在山东地区造反。朝廷认为元颢势单力弱，不足为虑。永安二年春天下诏，派元天穆率军先去平定山东，然后再讨伐元颢。元颢趁洛阳一带兵力空虚，长驱直入，荥阳、虎牢都被攻占，孝庄帝逃到黄河以北。尔朱荣闻讯，乘驿传急驰到上党郡长子县的行宫朝见孝庄帝，孝庄帝才转而向南进发。尔朱荣亲自充当前驱，十来天的时间里，各地兵马纷纷前来集合。元天穆平定了邢杲的起义，也渡过黄河前来会合。孝庄帝进入河内。尔朱荣与元颢隔黄河相持，但没有船，一下子过不去。他和诸位大臣、僚属商量，打算暂且收军北撤，以后再另作讨伐元颢的打算。黄门郎杨侃、高道穆等人坚决反对，认为不能这样做。恰好马渚地方有几户姓杨的人家报告说有几艘小船，请求担任向导。尔朱荣于是命令都督尔朱兆等人率领精锐骑兵夜晚渡河。元颢逃奔，皇帝渡过黄河，入住华林园。诏令加授尔朱荣为天柱大将军，增加封户，与以前合计共达二十万户。还加赐仪仗有前后部羽葆、鼓吹。

隋书

二十四史精华

唐·魏徵等著

炀帝本纪

炀皇帝，讳广，一名英，小字阿麼，高祖第二子也。母曰文献独孤皇后。上美姿仪，少敏慧①，高祖及后于诸子中特所钟爱。在周，以高祖勋②，封雁门郡公。开皇元年，立为晋王，拜柱国、并州总管，时年十三。寻授③武卫大将军，进位上柱国、河北道行台尚书令，大将军如故。高祖令项城公韶、安道公李彻辅导之。上好学，善属文，沉深严重，朝野属望④。高祖密令善相者来和遍视诸子，和曰：『晋王眉上双骨隆起，贵不可言。』既而高祖幸上所居第⑤，见乐器弦多断绝，又有尘埃，若不用者，以为不好声妓，善之。上尤自矫饰⑥，当时称为仁孝。尝观猎遇雨，左右进油衣，上曰：『士卒皆沾湿，我独衣此乎！⑦』乃令持去。六年，转淮南道行台尚书令。其年，征拜雍州牧、内史令。八年冬，大举伐陈，以上为行军元帅。及陈平，执陈湘州刺史施文庆、散骑常侍沈客卿、市令阳慧朗、刑法监徐析、尚书都令史暨慧，以其邪佞，有害于民，斩之右阙下，以谢三吴。于是封府库，资财无所取，天下称贤。进位太尉，赐辂车、乘马，衮冕之服，玄珪、白璧各一。复拜并州总管。俄而江南高智慧等相聚作乱，徙上为扬州总管，镇江都，每岁一朝。高祖之祠太山也，领武候大将军。明年，归藩。后数载，突厥寇边，复为行军元帅，出灵武，无虏而还。及太子勇废，立上为皇太子。是月，当受册。高祖曰：『吾以大兴公成帝业。』令上出舍大兴县。其夜，烈风大雪，地震山崩，民舍多坏，压死者百余口。仁寿初，奉诏巡抚东南。是后高祖每避暑仁寿宫，恒令上监国。

注释 ①上美姿仪，少敏慧：容貌俊美，小时聪明伶俐。②以高祖勋：凭借高祖的功勋。③寻授：不久之后又授予。④朝野属望：朝野上下对他寄予厚望。⑤上所居第：到杨广住宅来。⑥尤自矫饰：尤其善于弄虚作假，装得道貌岸然；矫饰，弄虚作假。⑦士卒皆沾湿，我独衣此乎：士兵们都淋湿了，我能独自穿着这个吗？

译文 隋炀帝名杨广，又名杨英，小名叫阿麼，是隋高祖的第二个儿子。母亲是文献独孤皇后。杨广容貌俊美，小时聪明伶俐，在众多儿子中高祖和皇后特别喜爱他。北周时，因为高祖的功勋，杨广被封为雁门郡公。开皇元年，杨广被立为晋王，被任命为柱国、并州总管，那时他才十三岁。不久又授予武卫大将军头衔，后来晋升为上柱国、河北道行台尚书令，仍保留大将军头衔。高祖让项城公王韶、安道公李彻辅助教导杨广。杨广好学，擅长写文章，含蓄深沉，朝野都对他寄予厚望。高祖秘密命令会相面的人来给所有的儿子相面，来和说：『晋王眉上双骨突起，高贵极了。』不久，高祖到杨广住宅来，看见乐器的弦多数都断了，上面又落满灰尘，似乎长期不用，认为杨广不喜欢歌舞女伎，很欣赏他。杨广尤其善于弄虚作假，装得道貌岸然，时人都说他仁义孝顺。他曾参加狩猎，遇上大雨，左右侍臣进献油衣遮雨，他说：『士兵都淋湿了，我能单独穿这个吗？』竟让侍臣拿走。开皇六年，杨广转任淮南道行台尚书令。这一年，高祖征召杨广回京，拜为雍州牧、内史令。开皇八年冬天，文帝大规模兴兵攻打陈国，杨广为行军元帅。平定陈国之后，活捉了陈国湘州刺史施文庆、散骑常侍沈客卿、市令阳慧朗、刑法监徐析、尚书都令史暨慧，因为他们奸邪谗佞，害国害民，在宫中右阙之下斩首示众，以此向三吴民众谢罪。杨广查封府库，秋毫无犯，天下人都称赞他贤明。他晋升为太尉，高祖赏赐给他辂车、四匹马、礼帽礼服、黑珪白璧各一块。又命他为并州总管。不久江南高智慧等聚众造反，高祖调杨广为扬州总管，镇守江都，每年朝见一次。高祖祭泰山的时候，杨广随任武侯大将军，第二年回到江都。过了几年，突厥侵犯边境，杨广又出任行军元帅，出兵灵武，没有遇上敌人，回来了。到太子杨勇被废黜后，杨广被立为皇太子。当月接受册命。高祖说：『我是以大兴公的身份成就帝业。』于是让杨广离开京城，住到大兴县去。当夜，狂风大雪，地震山崩，百姓的住宅多数被破坏，压死了一百余人。仁寿初年，杨广奉诏书巡视安抚东南地区。此后，高祖每到仁寿宫避暑，总是让杨广主持国政。

四年七月，高祖崩，上即皇帝位于仁寿宫。八月，奉梓宫还京师①。并州总管汉王谅举兵反，诏尚书左仆射杨素讨平之。九月乙巳，以备身将军崔彭为左领军大将军。十一月乙未，幸洛阳。丙申，发丁男数十万掘堑，自龙门东接长平、汲郡，抵临清关，度河，至浚仪、襄城，达于上洛，以置关防。

注释 ①奉梓宫还京师：护送高祖灵柩回京师。

译文 仁寿四年七月，高祖去世，杨广在仁寿宫即皇帝位，是为隋炀帝。八月，护送高祖灵柩回京城。并州总管汉王杨谅起兵谋反，炀帝命尚书左仆射杨素讨伐平定了他。九月乙巳日，任命备身将军崔彭为左领军大将军。十一月乙未日，炀帝驾临洛阳。丙申日，征发数十万男壮丁掘濠，从龙门向东连接长平、汲郡，抵达临清关，过黄河到浚仪、襄城，抵达上洛，沿途设置关口防御。

大业元年春正月壬辰朔，大赦，改元。立妃萧氏为皇后。改豫州为溱州，洛州为豫州。废诸州总管府。丙申，

立晋王昭为皇太子。丁酉，以上柱国宇文述为左卫大将军，上柱国郭衍为左武卫大将军，延寿公于仲文为右卫大将军。己亥，以豫章王暕为豫州牧。戊申，发八使巡省风俗。

譯文　大业元年春正月壬辰初一，大赦天下，改年号为大业。立妃子萧氏为皇后。把豫州改名溱州，洛州改名为豫州。废除各州总管府。丙申日，立晋王杨昭为皇太子。丁酉日，任命上柱国宇文述为左卫大将军，上柱国郭衍为左武卫大将军，延寿公于仲文为右卫大将军。己亥日，任命豫章王杨暕为豫州牧。戊申日，派遣八名使臣巡察各地风俗。

八月壬寅，上御龙舟，幸江都。以左武卫大将军郭衍为前军，右武卫大将军李景为后军。文武官五品已上给楼船，九品已上给黄蔑。舳舻相接，二百余里。冬十月己丑，赦江淮已南。扬州给复五年，旧总管内给复三年。十一月己未，以大将军崔仲方为礼部尚书。

二年春正月辛酉，东京成，赐监督者各有差。以大理卿梁毗为刑部尚书。丁卯，遣十使并省州县。二月丙戌，诏尚书令杨素、吏部尚书牛弘、大将军宇文恺、内史侍郎虞世基、礼部侍郎许善心制定舆服。始备辇路及五时副车。上常服，皮弁十有二琪，文官弁服，佩玉，五品已上给犊车、通幰，三公亲王加油络，武官平巾帻，裤褶，三品已上给爬槊。下至胥吏，服色皆有差。非庶人不得戎服。戊戌，置都尉官。三月庚午，车驾发江都。先是，太府少卿何稠、太府丞云定兴盛修仪仗，于是课州县送羽毛。百姓求捕之，网罗被水陆，禽兽有堪氅毦之用者，殆无遗类。至是而成。夏四月庚戌，上自伊阙，陈法驾，备千乘万骑，入于东京。辛亥，上御端门，大赦，免天下今年租税。

譯文　八月壬寅日，炀帝乘龙舟到达江都。让左武卫大将军郭衍做前军统领，右武卫大将军李景做后军统领。文武百官五品以上的，供给楼船，九品以上的供给黄蔑。船只首尾相接，绵延两百余里。冬十月己丑日，赦免江淮以南的罪人。扬州地区免除五年赋税徭役，旧扬州总管地区免除三年的赋税徭役。十一月己未日，任命大将军崔仲方为礼部尚书。

大业二年春正月辛酉日，东京建成，分等级赏赐监督工程的人。任命大理卿梁毗为刑部尚书。丁卯日，派遣十名使臣裁减合并州县。二月丙戌日，命令尚书令杨素、吏部尚书牛弘、大将军宇文恺、内史侍郎虞世基、礼部侍郎许善心制定车服制度。天子的车驾以及春、夏、季夏、秋、冬五个季节的天子侍从车才开始完备。皇帝的常礼服，皮帽子，上面饰有十二块琪玉；文官穿弁服，佩带玉；五品以上文官供给犊牛、挂障幔，三公亲王车上加挂丝络；武官戴平头巾，穿裤褶，三品以上武官供给爬槊仪仗；往下直至胥吏，服饰各有差等。平民不能穿军服。戊戌日，设置都尉官。三月庚午日，炀帝车驾从江都出发。事前，太府少卿何稠、太府丞云定兴大肆准备仪仗，规定各州县送羽毛。百姓寻捕禽兽，水陆遍设网罗，能够提供羽毛装饰的禽兽，几乎一网打尽。到此时，仪仗制成。夏四月庚戌日，炀帝从伊阙陈列车马，千车万马进入东京。辛亥日，炀帝到端门，大赦天下，免天下百姓当年租税。

三年春正月癸亥，敕并州逆党已流配而逃亡者，所获之处，即宜斩决。丙子，长星竟天，出于东壁，二旬而止。是月，武阳郡上言，河水清。二月己丑，彗星见于奎，扫文昌，历大陵、五车、北河，入太微，扫帝坐，前后百余日而止。三月辛亥，车驾还京师。壬子，以大将军姚辩为左屯卫将军。癸丑，遣羽骑尉朱宽使于流求国。乙卯，河间王弘薨。夏四月庚辰，诏曰：『古者帝王观风问俗，皆所以忧勤兆庶，安集遐荒。自蕃夷内附，未遑亲抚，山东经乱，须加存恤。今欲安辑河北，巡省赵、魏。所司依式。』甲申，颁律令，大赦天下，关内给复三年。壬辰，改州为郡。改度量权衡，并依古式。改上柱国已下官为大夫。丙申，车驾北巡狩。丁酉，以刑部尚书宇文弼为礼部尚书。戊戌，敕百司不得践暴禾稼，其有须开为路者，有司计地所收，即以近仓酬赐，务从优厚。己亥，次赤岸泽。以太牢祭故太师李穆墓。五月丁巳，突厥启民可汗遣子拓特勤来朝。戊午，发河北十余郡丁男凿太行山，达于并州，以通驰道。丙寅，启民可汗遣其兄子毗黎伽特勤来朝。辛未，启民可汗遣使请自入塞，奉迎舆驾。上不许。癸酉，有星孛于文昌上将，星皆动摇。六月辛巳，猎于连谷。

译文 大业三年春正月癸亥日，命令对并州叛党已逮捕发配而逃亡的，一旦捉到，就地斩首。丙子日，满天出现长星，出现在东的位置上，二十天后停止。这一月，武阳郡上奏说，黄河水清。二月己丑日，彗星出现于奎宿，扫过文昌星，经过大陵、五车、北河等星，进入太微星区，扫过帝座星，前后历时一百余天才停止。三月辛亥日，炀帝车驾回到京城。壬子日，任命大将军姚辩为左屯卫将军。癸丑日，派遣羽骑尉朱宽出使流求国。己卯日，河间王杨弘去世。夏四月庚辰日，炀帝下诏书说：『古代帝王观察访问民间风俗，都是因为忧虑百姓，安抚边远地区。自从蛮夷归附后，没来得及亲自安抚，淆山以东历经战乱，也需加以抚恤。现在想安定黄河以北，巡视赵、魏地区，有关官可依惯例安排。』甲申日，颁布法令，大赦天

下，关内人民免除三年赋税徭役。壬辰日，把州改为郡。改变度量衡制度，完全按照古代的标准。把上柱国以下的官改为大夫。

丙申日，炀帝车驾往北方巡行。丁酉日，任命刑部尚书宇文弼为礼部尚书。戊戌日，命令各级官府不准摧毁庄稼，必须开农田为道路时，有关官府要根据土地的收成，用附近的粮仓赏赐粮食，务必优厚。己亥日，炀帝驻扎赤岸泽。用太牢祭祀原太师李穆。五月丁巳日，突厥启民可汗派儿子拓特勤来朝拜。戊午日，调发黄河以北十余郡的男丁开凿太行山，直达并州，以便驰道通畅。丙寅日，启民可汗派遣侄子毗黎特勤来朝拜。辛未日，启民可汗派遣使臣请求允许他亲自进边塞迎接炀帝车驾。炀帝不准。癸酉日，有彗星进入文昌上将星，星星都动摇了。六月辛巳日，炀帝在连谷打猎。

戊子，次榆林郡。丁酉，启民可汗来朝。己亥，吐谷浑、高昌并遣使贡方物。甲辰，上御北楼，观渔于河，以宴百僚。秋七月辛亥，启民可汗上表请变服，袭冠带。诏启民赞拜不名，位在诸侯王上。甲寅，上于郡城东御大帐，其下备仪卫，建旌旗，宴启民及其部落三千五百人，奏百戏之乐。赐启民及其部落各有差。丙子，杀光禄大夫贺若弼、礼部尚书宇文弼、太常卿高颎。尚书左仆射苏威坐事免。发丁男百余万筑长城，西距榆林，东至紫河，一旬而罢，死者十五六。八月壬午，车驾发榆林。乙酉，启民饰庐清道，以候乘舆。帝幸其帐，启民奉觞上寿，宴赐极厚。上谓高丽使者曰：『归语尔王，当早来朝见。不然者，吾与启民巡彼土矣。』皇后亦幸义城公主帐。己丑，启民可汗归蕃。癸巳，入楼烦关。壬寅，次太原。诏营晋阳宫。九月己未，次济源。幸御史大夫张衡宅，宴享极欢。己巳，至于东都。壬申，以齐王暕为河南尹、开府仪同三司。癸酉，以民部尚书杨文思为纳言。

四年春正月乙巳，诏发河北诸郡男女百余万开永济渠，引沁水南达于河，北通涿郡。庚戌，百僚大射于允武殿。丁卯，赐城内居民米各十石。壬申，以太府卿元寿为内史令，鸿胪卿杨玄感为礼部尚书。癸酉，以工部尚书卫玄为右候卫大将军，大理卿长孙炽为民部尚书。二月己卯，遣司朝谒者崔毅使突厥处罗，致汗血马。三月辛酉，以将作大匠宇文恺为工部尚书。壬戌，百济、倭、赤土、迦罗舍国并遣使贡方物。乙丑，车驾幸五原，因出塞巡长城。丙寅，遣屯田主事常骏使赤土，致罗刹。夏四月丙午，以离石之汾源、临泉，雁门之秀容为楼烦郡。起汾阳宫。癸丑，以河内太守张定和为左屯卫大将军。乙卯，诏曰：『突厥意利珍豆启民可汗率领部落，保附关塞，遵奉朝化，思改戎俗，频入谒觐，屡有陈请。以毡墙毳幕，事穷荒陋，上栋下宇，愿同比屋。诚心恳切，朕之所重。宜于万寿戍置城造屋，其帷帐床褥已上，随事量给，务从优厚，称朕意焉。』五月壬申，蜀郡获三足乌，张掖获玄狐，各一。秋七月辛巳，发丁男二十余万筑长城，自榆谷而东。乙未，左翊卫大将军宇文述破吐谷浑于曼头、赤水。八月辛酉，亲祠恒岳，河北道郡守毕集。大赦天下。车驾所经郡县，免一年租调。九月辛未，征天下鹰师悉集东京，至者万余人。戊寅，彗星出于五车，扫文昌，至房而灭。辛巳，诏免长城役者一年租赋。冬十月丙午，诏曰：『先师尼父，圣德在躬，诞发天纵之姿，宪章文、武之道。命世膺期，蕴兹素王，而颓山之叹，忽逾于千祀①，盛德之美，不存于百代。永惟懿范，宜有优崇。可立孔子后为绍圣侯。有司求其苗裔，录以申上。』辛亥，诏曰：『昔周王下车，首封唐、虞之胤，汉帝承历，亦命殷、周之后。皆所以褒立先代，宪章在昔②。朕嗣膺景业，傍求雅训，有一弘益，钦若令典。以为周兼夏、殷，文质大备，汉有天下，车书混一，魏晋沿袭，风流未远。并宜立后，以存继绝之义。有司可求其胄绪列闻③。』乙卯，颁新式于天下。

注释 ①忽逾于千祀：忽，忽然；千祀，千年。②宪章在昔：效法古代的圣贤。③有司可求其胄绪列闻：官府应寻找其后代，统计姓名上报。

译文 戊子日，驻扎榆林郡。丁酉日，启民可汗来朝拜。己亥日，吐谷浑、高昌都派遣使臣贡献地方特产。甲辰日，炀帝登上北楼，到黄河去看捕鱼，宴请百官。

秋七月辛亥日，启民可汗上书请求改变服装，戴帽子，束腰带仿用汉人衣冠样式。命令启民可汗朝拜时不用报名了，地位在诸侯王之上。甲寅日，炀帝在郡城东设大帐，帐下全部仪仗护卫，树立旌旗，宴请启民可汗及其部落三千五百人，演奏百戏。按不同级别赏赐启民及其部落。丙子日，杀死光禄大夫贺若弼、礼部尚书宇文弼、太常卿高颎。尚书右仆射苏威因犯罪被免职。又下令征发百余万男丁修筑长城，西起榆林，东到紫河，十天修完，死去的男丁占十分之五六。

八月壬午日，炀帝车驾从榆树起程。乙酉日，启民可汗修饰庐舍，清扫道路，迎接车驾。炀帝到启民帐中，启民举杯祝寿，炀帝的宴请和赏赐都极丰厚。炀帝对高丽使臣说：『回去告诉你们国王，应早早前来朝见。不然的话，我和启民可汗将到你们的国土巡察。』皇后也到义城公主帐中。己丑日，启民可汗回国。癸巳日，炀帝进入楼烦关。壬寅日，驻扎太原。下令营建晋阳宫。九月己未日，驻扎济源。到御史大夫张衡家中，饮酒吃饭极尽欢乐。己巳日，到达东都。壬申日，任命齐

王暕为河南尹、开府仪同三司。癸酉日，任命民部尚书杨文思为纳言。

大业四年春正月乙巳日，隋炀帝下诏书征发黄河以北各郡百余万男女开凿永济渠，引沁水向南到达黄河，向北通到涿郡。庚戌日，文武百官在允武殿举行射礼。丁卯日，赏赐京城内居民每户十石米。壬申日，任命太府卿元寿为内史令，鸿胪卿杨玄感为礼部尚书。癸酉日，任命工部尚书卫玄为右侯卫大将军，大理卿长孙炽为民部尚书。二月己卯日，派遣司朝谒者崔毅出使突厥处罗可汗处，招致汗血马。三月辛酉日，任命将作大匠宇文恺为工部尚书。壬戌日，百济、倭、赤土、迦罗舍等国一齐派遣使臣贡献土产。乙丑日，炀帝车驾到五原，趁机出边塞巡视长城。丙寅日，派遣屯田主事常骏出使赤土，招致罗刹。夏四月丙午日，把离石郡的汾源、临泉二县，雁门的秀容县，划为楼烦郡。兴建汾阳宫。癸丑日，任命河内太守张定和为左屯卫大将军。乙卯日，诏书说：『突厥意利珍豆启民可汗率领部落归附我朝，保护关塞，遵奉我朝礼仪，想改变戎狄习俗，频繁地入朝谒见礼拜，多次陈述请求。因为毡墙羽帐，极其简陋，愿意建造有梁有檐的房屋给他们居住。他们心意恳切，我很重视。应该在万寿戍建造城墙房屋，根据情况供给帷帐床被等物品，待遇务必优厚，以合乎我的心意。』五月壬申日，蜀郡捕获一只三脚乌鸦，张掖郡捕获一只黑狐狸。秋七月辛巳日，征发二十余万男丁修筑长城，自榆谷向东延伸。乙未日，左翊卫大将军宇文述在曼头、赤水大破吐谷浑军。八月辛酉日，炀帝亲自到恒岳祭祀，河北道的郡守全部到场，大赦天下。炀帝车驾经过的郡县，免除一年的租赋。九月辛未日，征集全国的鹰师到东京集中，来了一万多人。戊寅日，彗星从五车星流出，扫过文昌星，到房星消失。辛巳日，下诏书对修长城的役夫免征一年租税。冬十月丙午日，诏书说：『先师孔子，道德圣明，发扬天赋英姿，效法文武之道。治理国家，承受天命，蕴育了这位素王，而圣人去世时的悲叹，很快就超过千年，而崇高的德行，并没保存一百代。他美好的风范应该加以推崇。可立孔子后代为绍圣侯。有关官府寻求其嫡系后裔，把名字报上来。』辛亥日，诏书说：『从前，周王即位，首先封唐尧虞舜的后代；汉高祖即位，也赐给殷周的后裔名号，这都是为了表彰他们的先代，效法古圣贤。我继承帝位，寻求文雅的教诲，凡有大益处的，都敬遵如法令。周代兼有夏、殷两朝传统，文质都具备，汉代拥有天下，统一车轫文字，魏晋沿袭汉朝，遗风仍在。这些朝代都应立其后裔，以便保存绝世的大义。有关官府应该寻求其后代，开列姓名上报。』乙卯日，向天下颁布新的度量衡规格。

五年春正月丙子，改东京为东都。癸未，诏天下均

田。戊子，上自东都还京师。己丑，制民间铁叉、搭钩、矟刃之类，皆禁绝之。太守每岁密上属官景迹。二月戊戌，次于阌乡。诏祭古帝王陵及开皇功臣墓。庚子，制魏、周官不得为荫[1]。辛丑，赤土国遣使贡方物。戊申，车驾至京师。丙辰，宴耆旧四百人于武德殿，颁赐各有差。己未，上御崇德殿之西院，愀然不怡[2]，顾谓左右曰：『此先帝之所居，实用增感，情所未安，宜于此院之西别营一殿。』壬戌，制父母听随子之官。三月己巳，车驾西巡河右。庚午，有司言，武功男子史永遵与从父昆弟同居。上嘉之，赐物一百段，米二百石，表其门闾。乙亥，幸扶风旧宅。夏四月己亥，大猎于陇西。壬寅，高昌、吐谷浑、伊吾并遣使来朝。乙巳，次狄道，党项羌来贡方物。癸亥，出临津关，渡黄河，至西平，陈兵讲武。五月乙亥，上大猎于拔延山，长围周亘二千里。庚辰，入长宁谷。壬午，度星岭。甲申，宴群臣于金山之上。丙戌，梁浩亹御马度而桥坏，斩朝散大夫黄亘及督役者九人。吐谷浑王率众保覆袁川，帝分命内史元寿南屯金山，兵部尚书段文振北屯雪山，太仆卿杨义臣东屯琵琶峡，将军张寿西屯泥岭，四面围之。浑主伏允以数十骑遁出，遣其名王诈称伏允，保车我真山。壬辰，诏右屯卫大将军张定和往捕之。定和挺身挑战，为贼所杀。亚将柳武建击破之，斩首数百级。甲午，其仙头王被围穷蹙，率男女十余万口来降。六月丁酉，遣左光禄大夫梁默、右翊卫将军李琼等追浑主，皆遇贼死之。癸卯，经大斗拔谷，山路隘险，鱼贯而出。风霰晦冥，与从官相失，士卒冻死者太半。丙午，次张掖。辛亥，诏诸郡学业该通、才艺优洽，膂力骁，壮超绝等伦，在官勤奋、堪理政事，立性正直、不避强御四科举人。壬子，高昌王麹伯雅来朝，伊吾吐屯设等献西域数千里之地。上大悦。癸丑，置西海、河源、鄯善、且末等四郡。丙辰，上御观风行殿，盛陈文物，奏九部乐，设鱼龙曼延，宴高昌王、吐屯设于殿上，以宠异之。其蛮夷陪列者三十余国。戊午，大赦天下。开皇已来流配，悉放还乡，晋阳逆党，不在此例。陇右诸郡，给复一年，行经之所，给复二年。秋七月丁卯，置马牧于青海渚中，以求龙种，无效而止。九月癸未，车驾入长安。冬十月癸亥，诏曰：『优德尚齿，载之典训，尊事乞言，义彰胶序。鬻熊为师，取非筋力，方叔元老，克壮其猷。朕永言稽古，用求至治，是以庞眉黄发，更令收叙，务简秩优，无亏药膳，庶等卧治，伫其弘益。今岁耆老赴集者，可于近郡处置。年七十以上，疾患沉滞，不堪居职，即给赐帛，送还本郡。其官至七品已上者，量给廪，以终厥身。』十一月丙子，车驾幸东都。

注释 ①不得为荫：不对有功勋的人的子女赏赐官爵。②愀然不怡：心里不安宁。

译文 大业五年春正月丙子日，把东京改为东都。癸未日，下诏书在全国实行均田制。戊子日，炀帝从东都回到京师。乙丑日，规定民间禁止收藏铁叉、搭钩、刀矛之器。太守每年都秘密奏报其下属官员的行踪。二月戊戌日，炀帝驻扎阌乡。命令祭祀古代帝王陵墓以及开皇年间功臣坟墓。庚子日，规定北魏、北周官吏的子孙不能因父辈功勋而赏赐官爵。辛丑日，赤土国派遣使臣贡献土产。戊申日，炀帝车驾到达京师。丙辰日，在武德殿宴请四百名故旧老人，按不同等级进行赏赐。己未日，炀帝到崇德殿西院，心中很不高兴，回头对左右说：『这是先帝居住的地方，确实增添伤感，心中不安，应该在此院的西边另外建造一座宫殿。』壬戌日，规定允许父母跟随做官儿子到任职官府去。三月己巳日，炀帝车驾向西巡视黄河右边。庚午日，有关官吏说，武功男子史永遵和叔父堂兄弟等住在一起。炀帝很赞赏他。赐给一百段布帛、两百石米，表彰他的门第。乙亥日，炀帝到扶风旧居去。夏四月己亥日，在陇西大举狩猎。壬寅日，高昌、吐谷浑、伊吾都派遣使臣来朝见。乙巳日，驻扎狄道，党项羌来贡献土产。癸亥日，由临津关出发，渡过黄河，到达西平，排兵布阵演习军事。五月乙亥日，炀帝在拔延山大举围猎，狩猎圈周围绵延二千里。庚辰日，进入长宁谷。壬午日，翻越星岭。甲申日，在金山上宴请群臣。丙戌日，在浩亹架桥，炀帝马过桥后桥坏了，朝散大夫黄亘及监督工程的九人被斩首。吐谷浑王率众屯守覆袁川，炀帝分别派内史元寿从南边驻扎金山，兵部尚书段文振从北边驻扎雪山，太仆卿杨义臣从东边驻扎琵琶峡，将军张寿从西边驻扎泥岭，四面包围住吐谷浑。吐谷浑王伏允率数十名骑兵逃走，派他的一名藩王假称伏允，屯守车我真山。壬辰日，命右屯卫大将军张定和前往追捕。定和挺身出战，被吐谷浑杀死。副将柳武建击败吐谷浑军，杀死数百人。甲午日，吐谷浑被围走投无路，仙头王率十余万口男女来投降。六月丁酉日，派左光禄大夫梁默、右翊卫将军李琼等追击吐谷浑王，两人都战死。癸卯日，炀帝经过大斗拔谷，山路险要狭隘，大军鱼贯而出。风雪交加，天气阴暗，炀帝和随从官员走散，士兵冻死大半。丙午日，驻扎张掖。辛亥日，命令诸郡推举贤才，分四科：学业精通，才能优异；身强力壮，武艺高超；任职勤奋，善理政务；秉性正直，不畏强暴。壬子日，高昌王麹伯雅来朝拜，伊吾吐屯设等献上西域数千里土地，炀帝十分高兴。癸丑日，设置西海、河源、鄯善、且末等四郡。丙辰日，炀帝到观风行殿，那里陈列大量文物，演奏九部乐，表演幻术魔法，在殿上宴请高昌王、吐屯设，表示特别优待。有三十余国少数民族使臣陪席。戊午日，大赦天下，开皇元年以来流放发配的罪人，全部放回故乡，但晋阳叛党不在内。陇西各郡，免除一年赋税徭役，炀帝车驾经过的地方，免除两年赋税徭役。秋七月丁卯日，在青海渚中放牧马，以此寻求优良的龙种马，没取得成效，就停止了。九月癸亥，炀帝车驾进入长安。冬十月癸亥，下诏说：『优待尊崇德行高尚的年老人，把这一条记载在典籍中，尊重年老者并向他们求教，这个道理明白地写在墙上。鬻熊做周文王的老师，并不是以他的筋骨气力；方叔作为元老，仍有宏才大略在心，朕一直考察古史，以达到至治的目的。因此对眉发已白的老人，更要注意录用，务必要待遇优厚，不可让他们缺少药物饮食；让他们不用过于劳累而多出主意，希望他们能做出更多贡献。今年来京城集中的老人，可在附近郡里安置，年龄在七十岁以上，重病在身，不能胜任官职的，就赐给布帛，送回本郡。那些官在七品以上的，酌情供给官粮，让他们安度晚年。』十一月丙子，炀帝车驾到东郡。

七年春正月壬寅，左武卫大将军、光禄大夫、真定侯郭衍卒。二月己未，上升钓台，临扬子津，大宴百僚，颁赐各有差。庚申，百济遣使朝贡。乙亥，上自江都御龙舟入通济渠，遂幸于涿郡。壬午，诏曰：『武有七德，先之以安民；政有六本，兴之以教义。高丽高元，亏失藩礼，将欲问罪辽左，恢宣胜略。虽怀伐国，仍事省方。今往涿郡，巡抚民俗。其河北诸郡及山西、山东年九十已上者，版授太守，八十者授县令。』三月丁亥，右光禄大夫、左屯卫大将军姚辩卒。夏四月庚午，至涿郡之临朔宫。五月戊子，以武威太守樊子盖为民部尚书。秋，大水，山东、河南漂没三十余郡，民相卖为奴婢。冬十月乙卯，底柱山崩，偃河逆流数十里。戊午，以东平太守吐万绪为左屯卫大将军。十二月己未，西面突厥处罗多利可汗来朝。上大悦，接以殊礼。于时辽东战士及馈运者填咽于道，昼夜不绝，苦役者始为群盗。甲子，敕都尉、鹰扬与郡县相知追捕，随获斩决之。

八年春正月辛巳，大军集于涿郡。以兵部尚书段文振为左候卫大将军。

译文 大业七年春正月壬寅日，左武卫大将军、光禄大夫、真定侯郭衍去世。二月己未日，炀帝登上钓台，面对扬子津，大宴百官，分不同等级进行赏赐。庚申日，百济派遣使臣朝拜进贡。乙亥日，炀帝从江都乘龙舟进入通济渠，到达涿郡。壬午日，诏书说：『军事有七德，首称是安定百姓。政治有六本，应以教育振兴。高丽国高元，有失藩国礼仪，我将赴辽东问罪，宣扬宏图大略。虽然想讨伐敌国，仍然要巡礼四方。现在到涿郡，巡视民间风俗，黄河以北各郡以及太行山以西、以东地区，年九十以上的人，授太守衔，八十的人，授县令衔。』

三月丁亥日，右光禄大夫、左屯卫大将军姚辩去世。夏四月庚午，炀帝到涿郡的临朔宫。五月戊子，任命武威太守樊子盖为民部尚书。秋天，发生大水灾，太行山东及黄河以南淹没了三十余郡，民众都卖身为奴婢。冬十月乙卯，底柱山崩溃，堵住黄河水向上倒流数十里。戊午日，任命东平太守吐万绪为左屯卫大将军。十二月乙未日，西面突厥处罗多利可汗前来朝拜，炀帝十分高兴，用特殊礼仪接见。那时，辽东的战士以及运送给养的人，挤满道路，昼夜不断，苦于服役的人开始聚众为盗。甲子日，命令都尉、鹰扬和郡县相互联系追捕盗贼，随捕获随处决。

大业八年春正月辛巳日，大军在涿郡集中。任命兵部尚书段文振为左侯卫大将军。

总一百一十三万三千八百，号二百万，其馈运者倍之。癸未，第一军发，终四十日，引师乃尽，旌旗亘千里。近古出师之盛，未之有也。乙未，以右候卫大将军卫玄为刑部尚书。甲辰，内史令元寿卒。二月甲寅，诏曰：『朕观风燕裔，问罪辽滨。文武协力，爪牙思奋，莫不执锐勤王，舍家从役，罕蓄仓廪之资，兼损播殖之务。朕所以夕惕愀然，虑其匮乏。虽复素饱之众，情在忘私，悦使之人，宜从其厚。诸行从一品以下，佽飞募人以上家口，郡县宜数存问。若有粮食乏少，皆宜赈给；或虽有田畴，贫弱不能自耕种，可于多丁富室劝课相助。使夫居者有敛积之丰，行役无顾后之虑。』壬戌，司空、京兆尹、光禄大夫观王雄薨。三月辛卯，兵部尚书、左候卫大将军段文振卒。癸巳，上御师。甲午，临戎于辽水桥。戊戌，大军为贼所拒，不果济。右屯卫大将军、左光禄大夫麦铁杖，武贲郎将钱士雄、孟金叉等，皆死之。甲午，车驾渡辽。大战于东岸，击贼破之，进围辽东。乙未，大顿，见二大鸟，高丈余，皜身朱足，游泳自若。上异之，命工图写，并立铭颂。五月壬午，纳言杨达卒。于时诸将各奉旨，不敢越机。既而高丽各城守，攻之不下。六月己未，幸辽东，责怒诸将。止城西数里，御六合城。七月壬寅，宇文述等败绩于萨水，右屯卫将军辛世雄死之。九军并陷，将帅奔还亡者二千余骑。癸卯，班师。

译文 总计一百一十三万三千八百兵马，号称两百万，运送给养的人多一倍。癸未日，第一军出发，四十天以后，所有的军队才都走完，旌旗绵延千里。近代出兵，没有像此次这样盛大的。乙未日，任命右兵卫大将军卫玄为刑部尚书。甲辰日，内史令元寿去世。二月甲寅日，诏书说：『我到燕地边境观察风俗，到辽东海滨兴师问罪。文臣武将协力同心，战士奋勇当先，无不手执武器为君王护驾，舍家从军，以致粮食很少积十年春正月甲寅，以宗女为信义公主，嫁于突厥曷娑那可汗。二月辛未，诏百僚议伐高丽，数日无敢言者。戊子，诏曰：『竭力王役，致身戎事，咸由徇义，莫匪勤诚①。委命草泽，弃骸原野，兴言念之，每怀愍恻②。往年出车问罪，将届辽滨，庙算胜略，具有进止。而谅惛凶，罔识成败，高颎愎很③，本无智谋，临三军犹儿戏，视人命如草芥，不遵成规，坐贻挠退，遂令死亡者众，不及埋藏。今宜遣使人分道收葬，设祭于辽西郡，立道场一所。恩加泉壤，庶弭穷魂之冤，泽及枯骨，用弘仁者之惠。』

辛卯，诏曰：

黄帝五十二战，成汤二十七征，方乃德施诸侯，令行天下。卢芳小盗，汉祖尚且亲戎，隗嚣余烬，光武犹自登陇，岂不欲除暴止戈，劳而后逸者哉！朕纂成宝业，君临天下，日月所照，风雨所沾，孰非我臣，独隔声教。蕞尔高丽，僻居荒表，鸱张狼噬，侮慢不恭，抄窃我边陲，侵轶我城镇。是以去岁出军，问罪辽、碣，殪长蛇于玄菟，戮封豕于襄平。扶余众军，风驰电逝，追奔逐北，径逾浿水，沧海舟楫，冲贼腹心，焚其城郭，污其宫室。高元伏锧泥首，送款军门，寻请入朝，归罪司寇。朕以许其改过，乃诏班师。而长恶靡悛，宴安鸩毒，此而可忍，孰不可容！便可分命六师，百道俱进。朕当亲执武节，临御

蓄，耕种受到损失。我因此朝夕忧虑，担心他们穷困。虽然饱食的兵众，理应公而忘私，但对踊跃服役之人，应该待遇优厚。随行人员中，从一品以下至佽飞骑士、召募士以上的人家，郡县都应该经常慰问。如果缺乏粮食，就应救济；有人虽有土地但无劳力不能耕种，可以劝说或者规定劳力多的富家帮助。让住家者有积蓄，行役者无后顾之忧。』壬戌日，司空、京兆尹、光禄大夫观王杨雄去世。

三月辛卯日，兵部尚书、左候卫大将军段文振去世。癸巳日，炀帝亲临大军。甲午日，率军到辽水桥。戊戌日，大军遇到贼兵阻挡，不能渡河。右屯卫大将军、左光禄大夫麦铁杖、武贲郎将钱士雄、孟金叉等，都战死。甲午日，车驾渡过辽水，在东岸大战，击败贼兵，进而包围辽东。乙未日，大军驻屯修整，看见两只大鸟，一丈多大，白身红足，自由翱翔。炀帝十分惊奇，让画师画下来，并且写文章赞颂。五月壬午日，纳言杨达去世。那时，各将领都接到圣旨，遇事必须奏报，故不敢出战。不久，高丽各城都固守，攻不下来。六月己未日，炀帝到辽东，愤怒地责备各将领。车驾在城西数里停止，到达六合城。七月壬寅日，宇文述等在萨水战败，右屯卫将军辛世雄战死。九路军队都战败，将帅逃回来的只有两千多人。癸卯日，班师回朝。

诸军，秣马丸都，观兵辽水，顺天诛于海外，救穷民于倒悬。征伐以正之，明德以诛之，止除元恶，余无所问。若有识存亡之分，悟安危之机，翻然北首，自求多福；必其同恶相济，挤拒王师，若火燎原，刑兹无赦。有司便宜宣布，咸使知闻。

丁酉，扶风人唐弼举兵反，众十万，推李弘为天子，自称唐王。三月壬子，行幸涿郡。癸亥，次临渝宫，亲御戎服，祃祭黄帝，斩叛军者以衅鼓。夏四月辛未，彭城贼张大彪聚众数万，保悬薄山为盗。遣榆林太守董纯击破，斩之。甲午，车驾次北平。五月庚子，诏举郡孝悌廉洁各十人。壬寅，贼帅宋世谟陷琅邪郡。庚申，延安人刘迦论举兵反，自称皇王，建元大世。六月辛未，贼帅郑文雅、林宝护等众三万，陷建安郡，太守杨景祥死之。秋七月癸丑，车驾次怀远镇。乙卯，曹国遣使贡方物。甲子，高丽遣使请降，囚送斛斯政。上大悦。八月己巳，班师。庚午，右卫大将军、左光禄大夫郑荣卒。冬十月丁卯，上至东都。己丑，还京师。十一月丙申，支解斛斯政于金光门外。乙巳，有事于南郊。己酉，贼帅司马长安破长平郡。乙卯，离石胡刘苗王举兵反，自称天子，以其弟六儿为永安王，众至数万。将军潘长文讨之，不能克。是月，贼帅王德仁拥众数万，保林虑山为盗。十二月壬申，上如东都。其日，大赦天下。戊子，入东都。庚寅，贼帅孟让众十余万，据都梁宫。遣江都郡丞王世充击破之，尽虏其众。

十一年春正月甲午朔，大宴百僚。突厥、新罗、靺鞨、毕大辞、诃咄、传越、乌那曷、波腊、吐火罗、俱虑建、忽论、靺鞨、诃多、沛汗、龟兹、疏勒、于阗、安国、曹国、何国、穆国、毕、衣密、失范延、伽折、契丹等国并遣使朝贡。戊戌，武贲郎将高建毗破贼帅颜宣政于齐郡，虏男女数千口。乙卯，大会蛮夷，设鱼龙曼延之乐，颁赐各有差。二月戊辰，贼帅杨仲绪率众万余，攻北平，滑公李景破斩之。庚午，诏曰：『设险守国，著自前经，重门御暴，事彰往策，所以宅土宁邦，禁邪固本。而近代战争，居人散逸，田畴无伍，郛郭不修，遂使游惰实繁，寇襄未息。今天下平一，海内晏如，宜令人悉城居，田随近给，使强弱相容，力役兼济，穿窬无所厝其奸宄，萑蒲不得聚其逋逃。有司具为事条，务令得所。』丙子，上谷人王须拔反，自称漫天王，国号燕，贼帅魏刁儿自称历山飞，众各十余万，北连突厥，南寇赵。五月丁酉，杀右骁卫大将军、光禄大夫、郕公李浑，将作监、光禄大夫李敏，并族灭其家。癸卯，贼帅司马长安破西河郡。己酉，幸太原，避暑汾阳宫。秋七月己亥，淮南人张起绪举兵为盗，众至三万。辛丑，光禄大夫、右御卫大将军张寿卒。八月乙丑，巡北塞。戊辰，突厥始毕可汗率骑数十万，谋袭乘舆，义成公主遣使告变。壬申，车驾驰幸雁门。癸酉，突厥围城，官军频战不利。上大惧，欲率精骑溃围而出，民部尚书樊子盖固谏乃止。齐王暕以后军保于崞县。甲申，诏天下诸郡募兵，于是守令各来赴难。九月甲辰，突厥解围而去。丁未，曲赦太原、雁门郡死罪已下。冬十月壬戌，上至于东都。丁卯，彭城人魏骐麟聚众万余为盗，寇鲁郡。壬申，贼帅卢明月聚众十余万，寇陈、汝间。东海贼帅李子通拥众度淮，自号楚王，建元明政，寇江都。十一月乙卯，贼帅王须拔破高阳郡。十二月戊寅，有大流星如斛，坠明月营，破其冲车。庚辰，诏民部尚书樊子盖发关中兵，讨绛郡贼敬盘陀、柴保昌等，经年不能克。谯郡人朱粲拥众数十万，寇荆襄，僭称楚帝，建元昌达，汉南诸郡多为所陷焉。

注释　①莫匪勤诚：忠心勤恳。②每怀愍恻：心里充满悲伤之情。③高颎愎很：高颎固执偏狭。

译文　大业十年春正月甲寅日，把一皇族女封为信义公主，嫁给突厥曷娑那可汗。二月辛未日，命令百官商议讨伐高丽，接连几天没人敢发言。戊子日，诏书说：『战士尽力为国服役，献身战争，都是因为深明大义，忠诚勤劳，丧命于草莽，弃尸于原野，想起这些，心中充满悲伤。往年兴师问罪，将到辽海之滨，计谋深远，进退都有安排。但是杨谅凶恶昏愦，不懂军事，高颎固执偏狭，有勇无谋，率领三军犹如儿戏，视人命如草芥，不遵守定好的计策，导致失败，使战士大批死亡，来不及埋葬。现在应派人分头收葬，在辽西郡建一所道场，祭祀亡灵。让恩德施于九泉之下，消除穷鬼的冤屈，恩泽加于枯骨之上，以弘扬仁者的恩德。』辛卯日，诏书说：

黄帝进行五十二次战斗，商汤进行二十七次征伐，然后才恩德遍施诸侯，号令行于天下。卢芳不过一名小盗，汉高祖还亲自征战；隗嚣不过是复燃的死灰，光武帝还亲自赴陇西讨伐；难道不是想铲除强暴制止战乱，先劳苦而后安逸吗？

我登上皇位，治理天下，日月照到的地方，风雨淋到的地方，谁不是我的臣民？谁又能独不接受教化？高丽小丑，居住在偏远荒僻地区，气焰嚣张，态度傲慢，抢掠我边境，侵略我城镇。因此去年出动大军，到辽东、碣石问罪，在玄菟杀死长蛇，在襄平屠戮封豕。扶余各路兵马，风驰电掣，追奔逐北，越过逾浿水。大海舟船，直捣贼人心脏，焚烧其城池，毁坏其宫殿。高元用泥涂首，伏在刀下，到军营前请罪，接着又请求进京朝见，到司法部门投案。我准许他改过，就下令班师回朝。不料他竟怙恶不悛，真是贪图安逸反遭毒害，是可忍，孰不可忍！可命令六军，后分百路，一齐进发。我应亲自出征，

监领各军，在丸都喂马，在辽水观兵，顺应天意在海外诛杀凶顽，拯救苦难的穷苦百姓。用征伐来匡救时弊，用明德来诛杀坏人，只除首恶，胁从不问。如果有人认识生死的区别，明白安危的关键，幡然悔悟，自然能够获得福泽；如果一定要共同作恶，抗拒我朝大军，那就像烈火燎原，格杀无赦。有关官府要立刻宣告诏令，让人人都知道。

丁酉日，扶风人唐弼起兵谋反，人数有十万，推李弘做皇帝，自称唐王。三月壬子日，炀帝到涿郡。癸亥日，住在临渝宫，炀帝身穿军服，对黄帝进行祃祭，杀死叛逃军人衅鼓。夏四月辛未日，鼓城贼人张大彪聚集数万人，屯守悬薄山为强盗。派遣榆林太守董纯去攻打，杀死了他。甲午日，车驾驻扎北平。五月庚子日，命令各郡推举孝悌、廉洁的人各十名。壬寅日，盗贼头目宋世谟攻下琅邪郡。庚申日，延安人刘迦论起兵谋反，自称皇王，年号是『大世』。六月辛未日，盗贼头目郑文雅、林宝护等三万人，攻下建安郡。太守杨景祥战死。秋七月癸丑日，炀帝车驾驻扎怀远镇。乙卯日，曹国派遣使臣贡献土产。甲子日，高丽派遣使臣请求投降，把斛斯政囚禁送来，炀帝十分高兴。八月己巳日，班师回朝。庚午日，右卫大将军、左光禄大夫郑荣去世。冬十月丁卯日，炀帝到东都。己丑日，回到京城。十一月丙申日，在金光门外肢解了斛斯政。乙巳日，在南郊祭祀。己酉日，盗贼头目司马长安攻破长平郡。乙卯日，离石胡人刘苗王起兵谋反，自称天子，让他弟弟六儿做永安王，人数达数万。将军潘长文前往讨伐，不能战胜。当月，盗贼头目王德仁聚集数万人驻守林虑山做强盗。十二月壬申日，炀帝去东都。这一天，大赦天下。戊子日，进入东都。庚寅日，盗贼头目孟让率十余万人占据都梁宫。派遣江都郡丞王世充打败了他，把他的部众全部俘虏了。

大业十一年春正月甲午日初一，设盛大宴席宴请百官。突厥、新罗、靺鞨、毕大辞、诃咄、传越、乌那曷、波腊、吐火罗、俱虑建、忽论、诃多、沛汗、龟兹、疏勒、于阗、安国、曹国、何国、穆国、毕、衣密、失范延、伽折、契丹等国都派遣使臣朝见进贡。戊戌日，武贲郎将高建毗在齐郡打败盗贼头目颜宣政，俘虏数千名男女。乙卯日，大会蛮夷各国，表演幻术戏乐，按不同等级进行赏赐。二月戊辰日，盗贼头目杨仲绪率一万余人攻打北平，滑公李景击败并斩杀了他。庚午日，诏书说：『设置险关保卫国家，前代典籍早有著录；牢固防守抵御强暴，事情将载入史册流传后世。这样做的目的在于安邦定国，禁止奸邪，巩固根基。但近年的战争，居民流散，田地荒芜，城廓破坏，使游手好闲的人增加，而盗匪骚扰不停。现在天下平定，海内安乐，应该让人全部住进城中，就近拨给土地，使得强弱互相包容，徭役相互援助，小偷无法行窃，强盗无法聚集。有关官府详细开列条目，务必让百姓各得其所。』

丙子日，上谷人王须拔造反，自称漫天王，国号为燕；盗贼头目魏刁儿自称『历山飞』，人数都达到十余万，向北勾结突厥，向南侵略赵地。五月丁酉日，杀死右骁卫大将军、光禄大夫、郧公李浑，将作监、光禄大夫李敏，并且灭掉二人家族。癸卯日，盗贼头目司马长安攻下西河郡。乙酉日，炀帝到太原，在汾阳宫避暑。秋七月己亥日，淮南人张起绪起兵谋反，人数达三万。辛丑日，光禄大夫、右御卫大将军张寿去世。八月乙丑日，炀帝巡视北部边塞。戊辰日，突厥始毕可汗计划率领数十万骑兵袭击炀帝车驾，义成公主派使者告知。壬申日，车驾奔到雁门。癸酉日，突厥包围雁门城，官军屡战屡败。炀帝十分恐惧，想率领精兵突围出城，民部尚书樊子盖坚决劝阻，没突围。齐王杨暕率后军守崞县。甲申日，命令全国各郡招募军队，于是各郡太守、县令纷纷前来救驾。九月甲辰日，突厥解围回去。丁未日，因特殊情况赦免太原、雁门郡死罪以下囚徒。冬十月壬戌日，炀帝到东都。丁卯日，鼓城人魏骐聚集一万余人做强盗，侵犯鲁郡。壬申日，盗贼头目卢明月聚集十余万人侵犯陈、汝地区。东海盗贼头目李子通率部众渡过淮河，自称楚王，年号为明政，侵犯江都。十一月乙卯日，盗贼头目王须拔攻下高阳郡。十二月戊寅日，一颗像斛一样大的流星坠落在卢明月军营，砸破他的战车。庚辰日，命令民部尚书樊子盖征发关中士兵，讨伐绛郡盗贼敬盘陀、柴保昌等，打了一年也没能平定。谯郡人朱粲率数十万部众侵犯荆襄，安称楚帝，年号为昌达。汉南各郡大多被他攻下。

十二年春正月甲午，雁门人翟松柏起兵于灵丘，众至数万，转攻傍县。二月己未，真腊国遣使贡方物。甲子夜，有二大鸟似雕，飞入大业殿，止于御幄，至明而去。癸亥，东海贼卢公暹率众万余，保于苍山。夏四月丁巳，显阳门灾。癸亥，魏刁儿所部将甄翟儿复号历山飞，众十万，转寇太原。将军潘长文讨之，反为所败，长文死之。五月丙戌朔，日有蚀之，既。癸巳，大流星陨于吴郡，为石。壬午，上于景华宫征求萤火，得数斛，夜出游山，放之，光遍岩谷。秋七月壬戌，民部尚书、光禄大夫济北公樊子盖卒。甲子，幸江都宫，以越王侗、光禄大夫段达、太府卿元文都、检校民部尚书韦津、右武卫将军皇甫无逸、右司郎卢楚等总留后事。奉信郎崔民象以盗贼充斥，于建国门上表，谏不宜巡幸。上大怒，先解其颐，乃斩之。戊辰，冯翊人孙华自号总管，举兵为盗。高凉通守洗珤彻举兵作乱，岭南溪洞多应之。己巳，荧惑守羽林，月余乃退。车驾次汜水，奉信郎王爱仁以盗贼日盛，谏上请还西京。上怒，斩之而行。八月乙巳，贼帅赵万海众数十万，自恒山寇高阳。壬子，有大流星如斗，出王良阁

道，声如隤墙。癸丑，大流星如瓮，出羽林。九月丁酉，东海人杜扬州、沈觅敌等作乱，众至数万。右御卫将军陈稜击破之。戊午，有二枉矢出北斗魁，委曲蛇形，注于南斗。壬戌，安定人荔非世雄杀临泾令，举兵作乱，自号将军。冬十月己丑，开府仪同三司、左翊卫大将军、光禄大夫、许公宇文述薨。十二月癸未，鄱阳贼操天成举兵反，自号元兴王，建元始兴，攻陷豫章郡。乙酉，以右翊卫大将军来护儿为开府仪同三司、行左翊卫大将军。壬辰，鄱阳人林士弘自称皇帝，国号楚，建元太平，攻陷九江、庐陵郡。唐公破甄翟儿于西河，掳男女数千口。

十三年春正月壬子，齐郡贼杜伏威率众渡淮，攻陷历阳郡。丙辰，勃海贼窦建德设坛于河间之乐寿，自称长乐王，建元丁丑。辛巳，贼帅徐圆朗率众数千，破东平郡。弘化人刘企成聚众万余人为盗，傍郡苦之。二月壬午，朔方人梁师都杀郡丞唐世宗，据郡反，自称大丞相。遣银青光禄大夫张世隆击之，反为所败。戊子，贼帅王子英破上谷郡。己丑，马邑校尉刘武周杀太守王仁恭，举兵作乱，北连突厥，自称定杨可汗。庚寅，贼帅李密、翟让等陷兴洛仓。越王侗遣武贲郎将刘长恭、光禄少卿房崱击之，反为所败，死者十五六。庚子，李密自号魏公，称元年，开仓以振群盗，众至数十万，河南诸郡相继皆陷焉。壬寅，刘武周破武贲郎将王智辩于桑干镇，智辩死之。三月戊午，庐江人张子路举兵反。遣右御卫将军陈稜讨平之。丁丑，贼帅李通德众十万寇庐江，左屯卫将军张镇州击破之。夏四月癸未，金城校尉薛举率众反，自称西秦霸王，建元秦兴，攻陷陇右诸郡。己丑，贼帅孟让，夜入东都外郭，烧丰都市而去。癸巳，李密陷回洛东仓。丁酉，贼帅房宪伯陷汝阴郡。是月，光禄大夫裴仁基、淮阳太守赵佗等并以众叛归李密。五月辛酉，夜有流星如瓮坠于江都。甲子，唐公起义师于太原。丙寅，突厥数千寇太原，唐公击破之。秋七月壬子，荧惑守积尸。丙辰，武威人李轨举兵反，攻陷河西诸郡，自称凉王，建元安乐。八月辛巳，唐公破武牙郎将宋老生于霍邑，斩之。九月己丑，帝括江都人女寡妇，以配从兵。是月，武阳郡丞元宝藏以郡叛归李密，与贼帅李文相攻陷黎阳仓。彗星见于营室。冬十月丁亥，太原杨世洛聚众万余人，寇掠城邑。丙申，罗令萧铣以县反，鄱阳人董景珍以郡反，迎铣于罗县，号为梁王，攻陷傍郡。戊戌，武贲郎将高毗败济北郡贼甄宝车于嵫山。十一月丙辰，唐公入京师。辛酉，遥尊帝为太上皇，立代王侑为帝，改元义宁。上起宫丹阳，将逊于江左。有乌鹊来巢幄帐，驱不能止。荧惑犯太微。有石自江浮入于扬子。日光四散如流血。上甚恶之。

二年三月，右屯卫将军宇文化及，武贲郎将司马德戡、元礼，监门直阁裴虔通，将作少监宇文智及，武勇郎将赵行枢，鹰扬郎将孟景，内史舍人元敏，符玺郎李覆、牛方裕，千牛左右李孝本、弟孝质，直长许弘仁、薛世良，城门郎唐奉义，医正张恺等，以骁果作乱，入犯宫闱①。上崩于温室，时年五十。萧后令宫人撤床箦为棺以埋之。化及发后②，右御卫将军陈稜奉梓宫于成象殿，葬吴公台下。发敛之始，容貌若生，众咸异之。大唐平江南之后，改葬雷塘。

注释 ①入犯宫闱：进入深宫庭院。②发后：发掘之意。

译文 大业十二年春正月甲午日，雁门人翟松柏在灵丘起兵，人数达到数万，辗转进攻附近县城。二月己未日，真腊国派遣使臣贡献土产。甲子日夜晚，有两只像老雕的大鸟飞进大业殿，落在炀帝的帷帐上，到天明才飞去。癸亥日，东海盗贼卢公暹率万余部众，屯守苍山。夏四月丁巳，显阳门发生火灾。癸亥日，魏刁儿部将甄翟儿又自称历山飞，部众达十万，辗转进攻太原。将军潘长文讨伐，反被打败，长文战死。五月丙戌日初一，发生日食，日食现象很快过去了。癸巳日，大流星坠落到吴郡，成了石头。壬午日，炀帝在景华宫征求萤火虫，获得好几斛，夜晚到山上游玩，放出萤火虫，满山谷都照亮了。秋七月壬戌，民部尚书、光禄大夫济北公樊子盖去世。甲子日，炀帝到江都宫，让越王侗、光禄大夫段达、太府卿元文都、检校民部尚书韦津、右武卫将军皇甫无逸、右司郎卢楚等留守总管政事。奉信郎崔民象因盗贼充斥，在建国门上奏章，劝谏说外出巡视不合适。炀帝大怒，先卸下他的面颊，然后杀死他。戊辰日，冯翊人孙华自称总管，起兵谋反。高凉通守洗珤彻兴兵作乱，岭南各溪洞多数响应。己巳日，火星守在羽林星旁，一月多才消失。炀帝车驾驻扎汜水，奉信郎王爱仁因为盗贼一天天猖獗，劝谏炀帝回西京。炀帝很生气，杀死了他，然后继续巡行。八月乙巳日，贼帅赵万海率数十万部众，从恒山进犯高阳。壬子日，一颗像斗一样大的流星，从王良星阁道星中出来，声音大得像墙壁倒塌。癸丑日，像瓮一样大的流星从羽林星出来。九月丁酉日，东海人杜扬州、沈觅敌等谋反，人数达数万。右御卫将军陈稜击败他们。戊午日，有两颗枉矢星，从北斗星魁星中出来，弯弯曲曲地流入南斗星。壬戌日，安定人荔非世雄杀死临泾县令，起兵谋反，自称将军。冬十月己丑，开府仪同三司、左翊卫大将军、光禄大夫、许公宇文述去世。十二月癸未，鄱阳盗贼操天成起兵造反，自称元兴王，年号为始兴，攻下豫章郡。乙酉日，任命右翊卫大将军来护儿为开府仪同三司、行左翊卫大将军。壬辰日鄱阳人林士弘自称皇帝，国号称楚，年号为太平，攻下九江、庐陵郡。唐公李渊在西河打败甄翟儿，俘虏数千名男女。

大业十三年春正月壬子日，齐郡盗贼头目杜伏威率领部众渡过淮河，攻下历阳郡。丙辰日，勃海盗贼窦建德在河间乐寿地方设坛，自称长乐王，年号为丁丑。辛巳日，盗贼头目徐圆郎率数千部众攻下东平郡。弘化人刘企成聚集一万余人做强盗，附近郡县都受他的害。二月壬午日，朔方人梁师都杀死郡丞唐世宗，占领朔方郡谋反，自称大丞相。派禄大夫张世隆攻打，反而被他打败。戊子日，盗贼头目王子英攻下上谷郡。己丑日，马邑校尉刘武周杀死太守王仁恭，兴兵谋反，向北勾结突厥，自称定杨可汗。庚寅日，盗贼头目李密、翟让等攻下兴洛仓。越王侗派遣武贲郎将刘长恭、光禄少卿房崱攻打，反被他们打败，士兵战死十分之五六。庚子日，李密自称魏公，改年号，称元年，打开粮仓赈济众盗贼，人数达到数十万，黄河以南各郡相继失陷。壬寅日，刘武周在桑干镇打败武贲郎将王智辩，王智辩战死。三月戊午日，庐江人张子路起兵谋反，派右御卫将军陈稜讨伐平定了他。丁丑日，盗贼头目李通德率十万部众进犯庐江，左屯卫将军张镇州打败了他。夏四月癸未日，金城校尉薛举率部众谋反，自称西秦霸王，年号为秦兴，攻下陇右各郡。己丑日，盗贼头目孟让夜晚进入东都外城，烧毁丰都市然后离去。癸巳日，李密攻下回洛东仓。丁酉日，盗贼头目房宪伯攻下汝阴郡。这月，光禄大夫裴仁基、淮阳太守赵佗等都率众背叛，投奔李密。五月辛酉日，夜晚有流星象瓮一样大，坠落在江都。甲子日，唐公李渊在太原起义。丙寅日，数千名突厥人侵犯太原，唐公打败了他们。秋七月壬子日，火星守在积尸星旁。丙辰日，武威人李轨起兵谋反，攻下河西各郡，自称凉王，年号是安乐。八月辛巳日，唐公在霍邑打败武牙郎将宋老生，杀死了他。九月己丑日，炀帝搜求江都少女和寡妇，匹配给随军士兵。这月，武阳郡丞元宝藏率全郡造反，投奔李密，和盗贼头目李文相一起攻下黎阳仓。彗星在营室星出现。冬十月丁亥日，太原杨世洛聚集一万多人，抢劫城乡。丙申日，罗县县令萧铣率全县谋反，鄱阳人董景珍率全郡谋反，董到罗县迎接萧铣，号称梁王，攻下邻近的郡。戊戌日，武贲郎将高毗在嵫山打败济北郡盗贼甄宝车。十一月丙辰日，唐公进入京师。辛酉日，把炀帝遥尊为太上皇，立代王侑为皇帝，改年号为义宁。炀帝在丹阳兴建宫室，想在江南退位。有黑喜鹊来帷帐上居住，赶也赶不走。火星侵入太微星。有石头从长江漂流到扬子江。太阳光四散，就像流血一样，炀帝十分厌恶。

义宁二年三月，右屯卫将军宇文化及，武贲郎将司马德戡，元礼，监门直阁裴虔通，将作少监宇文智及，武勇郎将赵行枢，鹰扬郎将孟景，内史舍人元敏，符玺郎李覆、牛方裕，千牛左右李孝本及其弟李质，直长许弘仁、薛世良，城门郎唐奉义，医正张恺等人，率骁果骑士造反，进入宫廷。炀帝在温室去世，享年五十岁。萧后命宫女撤去床席作棺材，埋葬了炀帝。宇文化及发掘出来，右御卫将军陈稜从成象殿护送灵柩，埋葬在吴公台下。开棺入敛时，炀帝面容就像活人一样，大家都很惊奇。大唐平定江南以后，改葬炀帝到雷塘。

初，上自以藩王，次不当立，每矫情饰行①，以钓虚名，阴有夺宗之计。时高祖雅信文献皇后，而性忌妾媵②。皇太子勇内多嬖幸③，以此失爱。帝后庭有子，皆不育之，示无私宠，取媚于后。大臣用事者，倾心与交。中使至第，无贵贱，皆曲承颜色，申以厚礼。婢仆往来者，无不称其仁孝。又常私入宫掖，密谋于献后，杨素等因机构扇，遂成废立。自高祖大渐，暨谅暗之中，烝淫无度，山陵始就，即事巡游。以天下承平日久，士马全盛，慨然慕秦皇、汉武之事，乃盛治宫室，穷极侈靡，召募行人，分使绝域。诸蕃至者，厚加礼赐，有不恭命，以兵击之。盛兴屯田于玉门、柳城之外。课天下富室，益市武马，匹直十余万，富强坐是冻馁者十家而九。帝性多诡谲，所幸之处，不欲人知。每之一所，辄数道置顿，四海珍羞殊味，水陆必备焉，求市者无远不至。郡县官人，竞为献食，丰厚者进擢，疏俭者获罪。奸吏侵渔，内外虚竭，头会箕敛，人不聊生。于时军国多务，日不暇给，帝方骄怠，恶闻政事，冤屈不治，奏请罕决。又猜忌臣下，无所专任，朝臣有不合意者，必构其罪而族灭之。故高颎、贺若弼先皇心膂，参谋帷幄，张衡、李金才藩邸惟旧，绩著经纶，或恶其直道，或忿其正议，求其无形之罪，加以刎颈之诛。其余事君尽礼，謇謇匪躬，无辜无罪，横受夷戮者，不可胜纪。政刑弛紊，贿货公行，莫敢正言。道路以目。六军不息，百役繁兴，行者不归，居者失业。人饥相食，邑落为墟，上不之恤也。东西游幸，靡有定居，每以供费不给，逆收数年之赋。所至唯与后宫流连耽湎，惟日不足，招迎姥媪，朝夕共肆丑言，又引少年，令与宫人秽乱，不轨不逊，以为娱乐。区宇之内，盗贼蜂起，劫掠从官，屠陷城邑，近臣互相掩蔽，隐贼数不以实对。或有言贼多者，辄大被诘责。各求苟免，上下相蒙，每出师徒，败亡相继。战士尽力，必不加赏，百姓无辜，咸受屠戮。黎庶愤怨，天下土崩，至于就擒而犹未之寤也。

史臣曰：炀帝爰在弱龄，早有令闻，南平吴、会，北却匈奴，昆弟之中，独著声绩。于是矫情饰貌，肆厥奸回，故得献后钟心，文皇革虑，天方肇乱，遂登储两，践峻极之崇基，承丕显之休命。地广三代，威振八纮，单于顿颡，越裳重译。赤仄之泉，流溢于都内，红腐之粟，委积于塞下。负其富强之资，思逞无厌之欲，狭殷、周之制

度，尚秦、汉之规摹。恃才矜己，傲狠明德，内怀险躁，外示凝简，盛冠服以饰其奸，除谏官以掩其过。淫荒无度，法令滋章，教绝四维，刑参五虐，锄诛骨肉，屠剿忠良，受赏者莫见其功，为戮者不知其罪。骄怒之兵屡动，土木之功不息。频出朔方，三驾辽左，旌旗万里，征税百端，猾吏侵渔，人不堪命。乃急令暴条以扰之，严刑峻法以临之，甲兵威武以董之，自是海内骚然，无聊生矣。俄而玄感肇黎阳之乱，匈奴有雁门之围，天子方弃中土，远之扬、越。奸宄乘衅，强弱相陵，关梁闭而不通，皇舆往而不反。加之以师旅，因之以饥馑，流离道路，转死沟壑，十八九焉。于是相聚萑蒲，猬毛而起，大则跨州连郡，称帝称王，小则千百为群，攻城剽邑，流血成川泽，死人如乱麻，炊者不及析骸，食者不遑易子。茫茫九土，并为麋鹿之场，惵惵黔黎，俱充蛇豕之饵。四方万里，简书相续，犹谓鼠窃狗盗，不足为虞，上下相蒙，莫肯念乱，振蜉蝣之羽，穷长夜之乐。土崩鱼烂，贯盈恶稔，普天之下，莫匪仇雠，左右之人，皆为敌国。终然不悟，同彼望夷，遂以万乘之尊，死于一夫之手。亿兆靡感恩之士，九牧无勤王之师。子弟同就诛夷，骸骨弃而莫掩，社稷颠陨，本枝殄绝，自肇有书契以迄于兹，宇宙崩离，生灵涂炭，丧身灭国，未有若斯之甚也。《书》曰：『天作孽，犹可违，自作孽，不可逭。』《传》曰：『吉凶由人，祆不妄作。』又曰：『兵犹火也，不戢将自焚。』观隋室之存亡，斯言信而有征矣！

注释 ①矫情饰行：虚情，假正经。②性忌妾媵：生性记恨。③嬖幸：受宠的妾。

译文 最初，炀帝因为是诸侯王，按继承顺序不应做皇帝，所以常常虚情假意装正经，沽名钓誉，阴谋夺取皇位。那时高祖十分信任文献皇后，而生性忌恨妃妾。皇太子杨勇内官有很多宠爱的妾，因此高祖不喜欢他。炀帝时对妾生的儿子，一概不抚养，表示不宠爱妾，以此讨好文献皇后。对掌权的大臣，炀帝全力交往。宫中使臣到炀帝家，不论地位高低，炀帝都竭力讨好，厚礼相待。宫中奴仆往来炀帝家中的，无不称赞炀帝仁义孝顺。炀帝又常常私自进入宫中，和文献皇后密谋策划，杨素等人趁机煽动，终于废除太子杨勇，立炀帝为太子。从高祖病危至去世，在居丧期中炀帝就纵情淫乐，高祖陵墓一修成，炀帝更四处巡游。因天下长期安定，兵马强盛，炀帝赞叹羡慕秦始皇、汉武帝的功业，就大量地兴建宫殿，极端豪华，召募使者，出使到偏远国家。异族国家来朝见的，都送给很贵重的礼物，有不恭敬听命的，就派兵攻打。在玉门、柳城以外，大规模屯田。向天下富户征取钱财，大量购置军马，每匹马价值十余万，富户因此十家有九家破产。炀帝生性诡诈，所到的地方，不想让人知道。每去一个地方，总是要在几条路上设置安歇地点，准备山珍海味、水陆珍品，为购买这些东西，多远的地方都去到了。郡县的官吏，竞相进献食物，进献丰富的提拔，进献贫乏的有罪。贪官污吏鱼肉百姓，朝廷和地方国库空虚，按人头向百姓征税，弄得民不聊生。那时国家军事、政治事务繁忙，从早到晚忙不过来，而炀帝骄傲懒惰，不愿过问政务，百姓冤屈得不到申诉，奏报的事情很少得到裁决。炀帝又猜疑臣子，用人不专，朝廷大臣有不合心意的，一定罗织罪名诛灭九族。高颎、贺若弼是先皇的心腹，为先皇运筹帷幄，张衡、李金才是炀帝做诸侯王时的旧臣，满腹经纶，有的因为正直而遭炀帝厌恶，有的因为发表正确的意见而激怒炀帝，都被加上莫须有的罪名，加以诛杀。其余的人，事奉君王尽力符合礼仪，正直勤恳，没有罪过而横遭杀害的，数不胜数。政治紊乱，贿赂公行，无人敢发表正确的意见，人们在路上用目光表示不满。军队连年作战，各种劳役频繁征调，服役的人不能回家，留在家里的人失去工作。饥荒严重，以至于人吃人，村庄变成废墟。而炀帝并不体恤民情，东西游玩，没有固定的居住地，常常因为供给不足，提前收取数年的赋税。每到一地，只是沉湎于和后宫妃妾淫乐，从早到晚犹觉不足。招进一些老年妇女，早晚说一些淫秽的话，又引进少年，命令他们和宫女发生关系，违法乱纪，以此取乐。全国盗贼风起云涌，抢劫官府，攻打城乡，屠杀百姓。朝廷大臣隐瞒欺骗，不据实奏报盗贼的人数。有人说盗贼很多，总要被大加训斥，于是各自求得平安。上下欺骗。出兵作战，不断地吃败仗，士兵死的死逃的逃。尽力作战的士兵，得不到奖赏，无罪的百姓，都受到屠杀。黎民百姓愤恨抱怨，天下土崩瓦解，以至于被人捉了之后还没醒悟过来。

史官评论说：炀帝早在幼年时就有好的名声，向南平定吴郡、会稽，向北打败匈奴，在弟兄们中，他功劳最大。于是他假装正派，施展奸计，博得献后的欢心，高祖也改变了看法，正值天下变乱，他就做了太子，继承皇位，登上皇帝宝座。隋朝国土开拓超过三代，威名远振八方，匈奴单于叩头称臣，越裳国前来朝贡。货币源源流入京城府库，粮食堆积边塞至于腐烂。炀帝依仗国力富强，一心满足其贪婪的欲望，认为商、周制度狭小，崇尚秦、汉的宏伟规模。恃才傲物，憎恨美德，内藏奸诈，外表端庄，用华丽的衣服掩饰其诡诈，用罢免谏官来掩盖其罪过。荒淫无度，法律增多，礼义、廉耻的教化根绝，酷刑超过断耳、截鼻、宫、黥和大辟，诛杀同胞兄弟，屠戮忠臣良将，受赏的不是功臣，被杀的没有罪过。屡屡因激怒而发兵，不停地兴建土木工程，多次出兵朔方，三次御驾亲征到辽东，旌旗排列万里，赋税多如牛毛，奸猾官吏鱼肉百姓，人民难以忍受。炀帝又急忙命令用残暴的条例骚扰百姓，用严刑峻

法威逼，用雄兵甲士管理，由此全国骚动，民不聊生。不久，杨玄感发动黎阳叛乱，匈奴包围雁门，炀帝远离中原，到扬州、吴越地区去。奸盗乘机恃强凌弱，关河闭塞不通，皇帝车驾一去不回。再加上军队出征、灾害饥荒，百姓在逃亡道路上颠沛流离，十有八九死在沟中。于是人民相聚起义，多如牛毛，大的占领几个州郡，小的则聚集千百人，攻打城镇，抢劫乡村，血流成河，杀人如麻。百姓用死人骨头烧火，交换亲生儿子当饭吃。茫茫大地，都成了豢养麋鹿的牧场，哀哀百姓，都充当了野兽的食物。四面八方万里路途书信不断，还说是小偷小盗，不值得担心，上下相互欺瞒，不肯考虑如何平乱，姑且张开蜉蝣的翅膀，漫漫长夜寻欢作乐。国家土崩瓦解，炀帝恶贯满盈，普天之下都是他的仇人，左右臣民都是敌对的。炀帝却始终不醒悟，就像望夷宫前的秦二世一样，以帝王之尊竟死于一人之手。亿万民众没有一个感恩的人，九州太守没有来救护帝王的军队。

兄弟子女一同被诛杀，尸骨抛弃无人掩埋，国家覆亡，宗族灭绝。从有历史记载到现在，宇宙崩溃，生灵涂炭，丧命灭国，没有像隋炀帝这样惨重的。《书》说：『开降灾害，还可以逃避；自己造成的灾害，无法逃脱。』《传》说：『吉凶都是由人造成的，祸难并不随便降临。』又说：『战争就像火，不能灭掉，就会烧死自己。』看一下隋朝的灭亡，这些话确实是有根据的。

旧唐书

二十四史精华

后晋·刘昫等著

太宗本纪

太宗文武大圣大广孝皇帝讳世民，高祖第二子也。母曰太穆顺圣皇后窦氏。隋开皇十八年十二月戊午，生于武功之别馆。时有二龙戏于馆门之外，三日而去。高祖之临岐州，太宗时年四岁。有书生自言善相，谒高祖曰：『公贵人也，且有贵子。』见太宗，曰：『龙凤之姿，天日之表，年将二十，必能济世安民矣。』高祖惧其言泄，将杀之，忽失所在①，因采『济世安民』之义以为名焉。太宗幼聪睿，玄鉴深远②，临机果断，不拘小节，时人莫能测也。

大业末，炀帝于雁门为突厥所围，太宗应募救援，隶屯卫将军云定兴营。将行，谓定兴曰：『必赍旗鼓以设疑兵。且始毕可汗举国之师，敢围天子，必以国家仓卒无援。我张军容，令数十里幡旗相续，夜则钲鼓相应，虏必谓救兵云集，望尘而遁矣。不然，彼众我寡，悉军来战，必不能支矣。』定兴从焉。师次崞县，突厥侯骑驰告始毕曰：王师大至。由是解围而遁③。及高祖之守太原，太宗时年十八。有高阳贼帅魏刀儿，自号历山飞。来攻太原，高祖击之，深入贼阵。太宗以轻骑突围而进，射之，所向皆披靡，拔高祖于万众之中④。适会步兵至，高祖与太宗又奋击，大破之。时隋祚已终，太宗潜图义举，每折节下士，推财养客，群盗大侠，莫不愿效死力。及义兵起，乃率兵略徇西河⑤，克之。拜右领大都督，右三军皆隶焉，封敦煌郡公。

注释 ①忽失所在：忽然消失。②玄鉴深远：深远的见解。③解围而遁：突厥因此解围逃去。④拔高祖于万众之中：从围困高祖的上万贼中将其救出来。⑤略徇西河：攻占了西河。

译文 太宗文武大圣大广孝皇帝名世民，是高祖第二子。母亲是太穆顺圣皇后窦氏。隋代开皇十八年十二月戊午，出生于高祖在武功县的别墅里。当时有两条龙在别墅门外游戏，三天才离开。高祖到岐州任刺史，太宗当时四岁。有个书生自称擅长算命，晋见高祖说：『您是贵人，而且有贵子。』见到太宗，说：『龙凤的姿貌，天庭隆起的仪表，年近二十，必定能济世安民。』高祖怕他把这话泄露出去，准备杀掉他，书生忽然不见，于是取『济世安民』的意思作为儿子的名字。太宗年幼时聪明多智，见解深远，处事果断，不拘小节，当时人都摸不透他。

大业末年，隋炀帝在雁门被突厥围困，太宗应募前去救援，隶属于屯卫将军云定兴的部队。临出发时，对定兴说：『一定要携带旗鼓，用来虚设队伍，迷惑敌人。始毕可汗率领全国的军队，敢于来围困天子，一定以为国家仓促间派不出援兵。我方部署队伍，让数十里旗帜相连，夜晚则钲鼓声相应，敌人必定会以为救兵云集，望见我军的行尘而逃去。要不然，敌众我寡，敌人全军来战，我方一定支撑不住。』定兴听从太宗的意见。部队在崞县宿营，突厥的侦察骑兵跑回去报告始毕说：隋朝的大军已到。突厥因此解围而去。高祖守太原的时候，太宗十八岁。有高阳盗贼首领魏刀儿，自己起个号叫历山飞，来攻太原，高祖袭击敌人，深入贼阵。太宗用轻骑兵突围进入贼阵，箭射贼兵，所到之处，敌皆倒退，于是把高祖从上万贼兵的围困中救出。这时正好遇上步兵开到，高祖与太宗又奋力进击，大破敌兵。这时隋朝气数已尽，太宗暗中图谋起义，常屈己下人，舍财养客，群盗大侠，无不愿效死力。等到义军一起，便率兵夺取西河，攻下了它。拜右领军大都督，右三军都归他统领，封敦煌郡公。

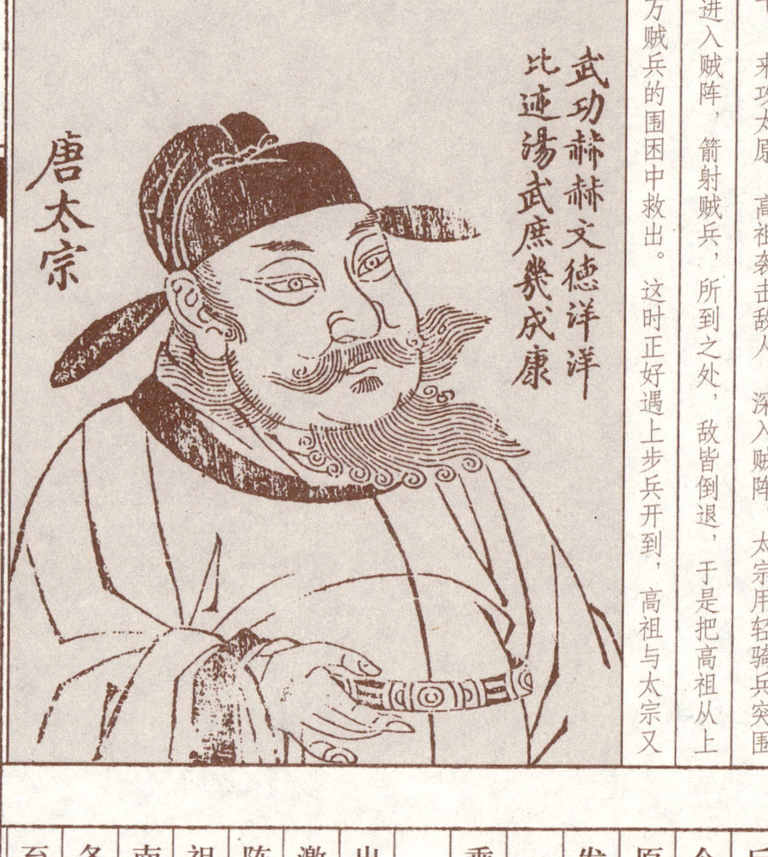

大军西上贾胡堡，隋将宋老生率精兵二万屯霍邑，以拒义师。会久雨，粮尽，高祖与裴寂议，且还太原，以图后举。太宗曰：『本兴大义以救苍生，当须先入咸阳，号令天下；遇小敌即班师，将恐从义之徒一朝解体。还守太原一城之地，此为贼耳，何以自全！』高祖不纳，促令引发。太宗遂号泣于外，声闻帐中。高祖召问其故，对曰：『今兵以义动，进战则必克，退还则必散。众散于前，敌乘于后，死亡须臾而至，是以悲耳。』高祖乃悟而止。

八月己卯，雨霁，高祖引师趣霍邑。太宗恐老生不出战，乃将数骑先诣其城下，举鞭指麾，若将围城者，以激怒之。老生果怒，开门出兵，背城而阵。高祖与建成合阵于城东，太宗及柴绍阵于城南。老生麾兵疾进，先薄高祖，而建成坠马，老生乘之，高祖与建成军咸却①。太宗自南原率二骑驰下峻坂，冲断其军，引兵奋击，贼众大败，各舍仗而走。悬门发，老生引绳欲上，遂斩之，平霍邑。至河东，关中豪杰争走赴义②。太宗请进师入关，取永丰

仓以赈穷乏，收群盗以图京师，高祖称善。太宗以前军济河，先定渭北。三辅吏民及诸豪猾诣军门请自效者日以千计，扶老携幼，满于麾下。收纳英俊，以备僚列，远近闻者，咸自托焉。师次于泾阳，胜兵九万③，破胡贼刘鹞子，并其众。留殷开山、刘弘基屯长安故城。太宗自趣司竹，贼帅李仲文、何潘仁、向善志等皆来会，顿于阿城，获兵十三万。长安父老赍牛酒诣旌门者不可胜纪，劳而遣之，一无所受。军令严肃，秋毫无所犯④。寻与大军平京城。高祖辅政，受唐国内史，改封秦国公。会薛举以劲卒十万来逼渭滨⑤，太宗亲击之，大破其众，追斩万余级，略地至于陇坻。

注释 ①咸却：全都往后退。②争走赴义：争着跑来加入义军。③胜兵九万：有九万名能征善战士兵。④秋毫无所犯：丝毫无犯。⑤会薛举以劲卒十万来逼渭滨：恰巧薛举率十万精壮的士兵逼近渭水河边。

译文 起义大军西上贾胡堡，隋将宋老生率领精兵二万屯驻霍邑，以抵挡义军。正遇上连天阴雨，军粮用尽，高祖与裴寂商议，暂且领兵回太原，再谋划以后的行动。太宗说：『原本兴立大义是为了拯救百姓，应当先攻入咸阳，号令天下，遇到小敌就回师，恐怕随从起义的人将会一朝解体。回去守太原一城之地，这不过是贼寇罢了，怎么能保全自己！』高祖不接受，催促他带兵出发。太宗于是在营帐外啼哭，声音传入营帐中。高祖召太宗进帐，询问原因，回答说：『现在部队凭借正义而出动，前进，战斗就必定胜利，退回就一定会散伙。大家散伙于前，敌人趁机追击于后，死亡将顷刻而至，因此悲伤。』高祖醒悟，停止退兵。八月己卯，雨过天晴，高祖领兵直趋霍邑。太宗怕老生不出战，于是率领数名骑兵先到霍邑城下，拿着马鞭指点比划，好像要围城的样子，以激怒老生。老生果然发怒，开门出兵，背城列阵。高祖与李建成一起列阵于城东，太宗和柴绍列阵于城南。老生指挥兵士迅速前进，先逼近高祖，这时建成忽然坠马，老生趁机进攻，高祖与建成的部队都往后退。太宗自城南高地率领两名骑兵急驰而下，冲断了老生的部队，又领兵奋力进击，敌军大败，各扔掉兵器逃跑。城上的闸门放下，老生手拉绳子想上城，于是被砍死，霍邑平定。部队到河东，关中豪杰争着跑来参加义军。太宗请求进兵入关，夺取永丰仓用来救济穷苦百姓，收编各路盗贼以便谋取京师，高祖认为这个建议很好。太宗带领先锋部队渡过黄河，先平定渭北。三辅的官吏百姓以及各式强宗豪族，到营门请求让自己效力的每日有上千人，扶老携幼，拥挤于将旗之下。太宗收纳优秀人才，用以充任朝廷官吏，远近听到消息的人，无不自求托身于此。部队在泾阳宿营，有能征善战的兵士九万名，击破贼寇胡人刘鹞子，兼并了他的部下。留下殷开山、刘

弘基屯驻长安旧城。太宗自己奔赴司竹，盗贼首领李仲文、何
潘仁、向善志等都来相见，停留于阿城，获得兵士十三万人。
长安父老牵牛担酒到营门劳军的不可胜数，太宗都加以慰问，
然后送走他们，东西一概不收。军令严肃，秋毫无犯。接着与
大军一起平定京城。高祖任宰相时，太宗当唐国内史，改封秦
国公。恰巧薛举率精壮的士兵十万逼近渭水边，太宗亲自迎
击，大破敌兵，追杀万余人，夺取的土地一直到了陇坻。

义宁元年十二月，复为右元帅，总兵十万徇东都。及
将旋，谓左右曰：『贼见吾还，必相追蹑①。』设三伏以待
之。俄而隋将段达率万余人自后而至，度三王陵，发伏击
之，段达大败，追奔至于城下。因于宜阳、新安置熊、谷
二州，戍之而还。徙封赵国公。高祖受禅，拜尚书令、右
武候大将军，进封秦王，加授雍州牧。

武德元年七月，薛举寇泾州，太宗率众讨之，不利而
旋。九月，薛举死，其子仁杲嗣立。太宗又为元帅以击仁
杲，相持于折墌城，深沟高垒者六十余日。贼众十余万，
兵锋甚锐，数来挑战，太宗按甲以挫之。贼粮尽，其将牟
君才、梁胡郎来降。太宗谓诸将军曰：『彼气衰矣，吾当
取之。』遣将军庞玉先阵于浅水原南以诱之，贼将宗罗睺
并军来拒，玉军几败。既而太宗亲御大军，奄自原北，出
其不意。罗睺望见，复回师相拒②。太宗将骁骑数十入贼
阵，于是王师表里齐奋，罗睺大溃，斩首数千级，投涧谷
而死者不可胜计。太宗率左右二十余骑追奔，直趣折墌以
乘之。仁杲大惧，婴城自守。将夕，大军继至，四面合
围。诘朝，仁杲请降，俘其精兵万余人、男女五万口。既
而诸将奉贺，因问曰：『始大王野战破贼，其主尚保坚
城，王无攻具，轻骑腾逐，不待步兵，径薄城下，咸疑不
克，而竟下之，何也？』太宗曰：『此以权道迫之，使其
计不暇发，以故克也。罗睺恃往年之胜，兼复养锐日久，
见吾不出，意在相轻。今喜吾出，悉兵来战，虽击破之，
擒杀盖少。若不急蹑，还走投城，仁杲收而抚之，则便未
可得矣。且其兵众皆陇西人，一败披退，不及回顾，散归
陇外，则折墌自虚，我军随而迫之，所以惧而降也。此可
谓成算③，诸君尽不见耶？』诸将曰：『此非凡人所能及
也。』获贼兵精骑甚众，还令仁杲兄弟及贼帅宗罗睺、翟
长孙等领之。太宗与之游猎驰射，无所间然④。贼徒荷恩慑
气⑤，咸愿效死。时李密初附，高祖令密驰传迎太宗于豳
州。密见太宗天姿神武，军威严肃，惊悚叹服，私谓殷开
山曰：『真英主也。不如此，何以定祸乱乎⑥？』凯旋，献
捷于太庙。拜太尉、陕东道行台尚书令，镇长春宫，关东
兵马并受节度。寻加左武候大将军、凉州总管。

注釋 ①贼见吾还，必相追蹑：贼寇见我返回，必定要追赶。②复回师相拒：又回师抵抗。③可谓成算：可说是已有的计划。④无所间然：没有什么隔阂。⑤荷恩慑气：受到恩惠，屏息丧气。⑥真英主也。不如此，何以定祸乱乎？：果然是英明的主子，如果不是这样，怎么能够平定祸乱。

譯文 义宁元年十二月，太宗又任右元帅，统兵十万前去夺取东都。到了准备回师的时候，对部下说：『贼寇见我回去，必定会追赶。』设三处埋伏等待敌军。没多久隋将段达率领一万多人尾随而至，走过三王陵，伏兵出击，段达大败，太宗的部队追击逃敌一直到了东都城下。于是在宜阳、新安设置熊、谷两州，派兵防守而后回京。太宗改封赵国公。高祖接受隋帝禅让，太宗拜尚书令、右武侯大将军，进封秦王，加授雍州牧。

武德元年七月，薛举侵犯泾州，秦王率兵讨伐，出战不利而回师。九月薛举死了，他的儿子薛仁杲继位。太宗又任元帅。带兵攻打仁杲，双方相持于折墌城，各挖深沟筑高垒，对抗六十余日。贼寇有十多万人，军队的锋芒甚锐，多次来挑战，太宗按兵不动以挫它的锐气。贼寇的粮食用完，他们的将领牟君才、梁胡郎前来投降。太宗对手下的将军们说：『敌军已经气衰，我应该征服它了。』派将军庞玉先在浅水原南列阵以引诱敌人，敌将宗罗睺率全军出战，庞玉的部队几乎被打败。接着太宗亲自统领大军，忽然从浅水原北出现，出敌不意。罗睺望见后，又回师抵抗。太宗率领数十名骁勇的骑兵冲入贼阵，于是朝廷的军队里外一起奋战，罗睺溃不成军，斩敌兵首级数千，落入涧谷而死的人更多得没法统计。太宗率领左右二十多名骑兵追击逃敌，直趋折墌城下以便乘机破城。仁杲非常害怕，环城固守。快到傍晚的时候，大军到达，四面合围。第二天早晨，仁杲请求投降，俘获他的精兵一万多人、随军的男女五万名。

接着将领们向太宗表示祝贺，于是问道：『开始大王在野外击破贼寇，他们的主子还保有坚固的城池，大王没有攻城的器具，靠轻骑兵奔驰追逐，不等候步兵，直逼城下，大家都怀疑不能攻克这个城，却竟然攻下了，这是为什么呢？』太宗说：『这是用随机应变的方法逼迫敌人，使他们的计谋来不及形成，所以能攻克。罗睺依恃往年的胜利，加上养精蓄锐的日子很长，见我们不出战，便有相轻之意。现在高兴我们出战，于是率领全部人马迎击，我们虽然击破敌人，但擒获、杀死的人不多。如不急追，使敌人还跑回城里，仁杲收聚、安抚这些败卒，那我们就得不到这个城了。而且罗睺的部下都是陇西人，一打败仗，溃散后退，来不及回头，便逃归陇西，那么折墌城自然空虚，我军随着逼近它，所以就害怕而投降。这可说是既定的计划，诸位都没看到吗？』将领们说：『这不是我们这些凡人所能赶得上的。』获得敌军精壮的骑兵甚多，还让仁杲兄弟及敌军首领宗罗睺、翟长孙等统领。太宗和他们一起骑马打猎，没有什么隔阂。这帮贼寇蒙受恩惠，屏息丧气，全愿舍命效力。当时李密刚归附朝廷，高祖命他乘驿车到幽州迎接太宗。李密见太宗容貌精明而威武，军威严肃，惊畏叹服，私下对殷开山说：『真是英明的主子。不像这样，怎么能平定祸乱呢？』太宗凯旋回京，到太庙进献战利品。拜为太尉、陕东道行台尚书令，坐镇长春宫，关东的兵马都归他指挥调度。接着加授左武候大将军、凉州总管。

宋金刚之陷浍州也，兵锋甚锐。高祖以王行本尚据蒲州，吕崇茂反于夏县，晋、浍二州相继陷没，关中震骇，乃手敕曰：『贼势如此，难与争锋，宜弃河东之地，谨守关西而已。』太宗上表曰：『太原王业所基，国之根本，河东殷实，京邑所资。若举而弃之，臣窃愤恨。愿假精兵三万，必能平殄武周，克复汾、晋。』高祖于是悉发关中兵以益之，又幸长春宫亲送太宗。二年十一月，太宗率众趣龙门关，履冰而渡之，进屯柏壁，与贼将宋金刚相持。寻而永安王孝基败于夏县，于筠、独孤怀恩、唐俭并为贼将寻相、尉迟敬德所执，将还浍州。太宗遣殷开山、秦叔宝邀之于美良川，大破之，相等仅以身免，悉虏其众，复归柏壁。于是诸将咸请战，太宗曰：『金刚悬军千里，深入吾地，精兵骁将，皆在于此。武周据太原，专倚金刚以为捍。士卒虽众，内实空虚，意在速战。我坚营蓄锐以挫其锋，粮尽计穷，自当遁走。』

三年二月，金刚竟以众馁而遁，太宗追之至介州。金刚列阵，南北七里，以拒官军。太宗遣总管李世勣、程咬金、秦叔宝当其北，翟长孙、秦武通当其南。诸军战小却，为贼所乘。太宗率精骑击之，冲其阵后，贼众大败，追奔数十里。敬德、相率众八千来降，还令敬德督之，与军营相参。屈突通惧其为变，骤以为请①。太宗曰：『昔萧王推赤心置人腹中，并能毕命，今委任敬德，又何疑也②。』于是刘武周奔于突厥，并、汾悉复旧地。诏就军加拜益州道行台尚书令。

注释 ①骤以为请：急忙告诉太宗。②昔萧王推赤心置人腹中，并能毕命，今委任敬德，又何疑也：从前萧王推赤心置他人腹中，他人全能尽力效命，现在委任敬德，又有什么可怀疑的呢。

译文 宋金刚攻陷浍州的时候，军队的锋芒甚锐。高祖因为王行本还占据蒲州，吕崇茂在夏县反叛，晋州、浍州相继陷落，关中震惊，就亲自给太宗写诏书说：『贼寇的势力像这样，难以同他们争斗以决胜负，应该放弃河东，谨慎防守关西。』太

宗进上奏章说：『太原是王业的奠基之地，国家的根本，河东富足，京城依托于它。如果攻下而又放弃它们，臣私下感到愤恨。愿陛下借给精兵三万，必定能消灭刘武周，克复汾州、晋州。』高祖于是全部征调关中的军队以增强太宗的兵力，又亲临长春宫送太宗。

武德二年十一月，太宗率领部队奔赴龙门关，踩着冰过河，进驻柏壁，与贼将宋金刚相持。接着永安王李孝基在夏县打败仗，于筠、独孤怀恩、唐俭都被贼将寻相、尉迟敬德抓获。敌军将回浍州，太宗派殷开山、秦叔宝在美良川拦击，大破敌军，寻相等只独自逃脱，他们的部下全被俘虏，殷开山、秦叔宝又回到柏壁。于是将领们全来请战，太宗说：『宋金刚孤军千里，深入我们的地方，精兵骁将，都集中在这里。刘武周据有太原，专依靠宋金刚保卫自己。敌人士卒虽多，内实空虚，意在速战。我们加固营垒，养精蓄锐以挫敌人的锋芒，一朝粮尽计穷，敌人自当逃走。』

武德三年二月，宋金刚竟因士卒饥饿而逃跑，太宗追赶他们到介州。金刚列阵，南北七里，以抵挡官军。太宗派总管李世勣、程咬金、秦叔宝在其阵北抵敌，翟长孙、秦武通在其阵南抵敌。各军作战略退却，被贼寇钻了空子。太宗率领精壮骑兵攻打敌人，冲击敌军阵后，贼寇大败，太宗追击逃兵跑了数十里地。尉迟敬德、寻相率领八千人前来投降，太宗还让敬德统领这些兵士，与太宗军营的人相杂。屈突通害怕他们有变故，急忙向太宗禀报。太宗说：『以前萧王将心腹安排到他人身旁，都能尽力效命，现在委任敬德，又有什么可以怀疑的地方呢。』于是刘武周逃奔突厥，并州、汾州全恢复原有的辖地。高祖下令往军中加授太宗为益州道行台尚书令。

七月，总率诸军攻王世充于洛邑，师次谷州。世充率精兵三万阵于慈涧，太宗以轻骑挑之。时众寡不敌，陷于重围，左右咸惧。太宗命左右先归，独留后殿①。世充骁将单雄信数百骑夹道来逼，交抢竞进，太宗几为所败。太宗左右射之，无不应弦而倒，获其大将燕颀②。世充乃拔慈涧之镇归于东都。太宗遣行军总管史万宝自宜阳南据龙门，刘德威自太行东围河内，王君廓自洛口断贼粮道。又遣黄君汉夜从孝水河中下舟师袭回洛城，克之。黄河已南，莫不响应，城堡相次来降。大军进屯邙山。九月，太宗以五百骑先观战地，卒与世充万余人相遇，会战，复破之，斩首三千余级，获大将陈智略，世充仅以身免③。其所署筠州总管杨庆遣使请降，遣李世勣率师出轘辕道安抚其众。荥、汴、洧、豫九州相继来降。世充遂求救于窦建德。

四年二月，又进屯青城宫。营垒未立，世充众二万自方诸门临谷水而阵。太宗以精骑阵于北邙山，令屈突通率

步卒五千渡水以击之，因诫通曰：『待兵交即放烟，吾当率骑军南下。』兵才接，太宗以骑冲之，挺身先进，与通表里相应。贼众殊死战，散而复合者数焉。自辰及午，贼众始退。纵兵乘之，俘斩八千人，于是进营城下。世充不敢复出，但婴城自守，以待建德之援。太宗遣诸军掘堑，匝布长围以守之。吴王杜伏威遣其将陈正通、徐召宗率精兵二千来会于军所。伪郑州司马沈悦以武牢降，将军王君廓应之，擒其伪荆王王行本。会窦建德以兵十余万来援世充，至于酸枣。萧瑀、屈突通、封德彝皆以腹背受敌，恐非万全，请退师谷州以观之。太宗曰：『世充粮尽，内外离心，我当不劳攻击，坐收其敝。建德新破孟海公，将骄卒惰，吾当进据武牢，扼其襟要。贼若冒险与我争锋，破之必矣。如其不战，旬日间世充当自溃。若不速进，贼入武牢，诸城新附，必不能守。二贼并力，将若之何？』通又请解围就险以候其变，太宗不许。于是留通辅齐王元吉以围世充，亲率步骑三千五百人趣武牢④。

注釋 ①独留后殿：独自留下来殿后。②获其大将燕颀：俘获敌军的大将燕颀。③世充仅以身免：世充只独自脱身。④趣武牢：奔赴虎牢。

譯文 七月，太宗总领各军往洛邑攻打王世充，部队在谷州宿营。世充率领精兵三万在慈涧列阵，太宗率领轻骑兵向敌人挑战。当时众寡不敌，官军陷于重围，太宗旁边的人都感到害怕。太宗命令旁边的人先回去，单独留下来殿后。这时世充骁将单雄信的数百名骑兵从道路两边直逼太宗，他们交互争先，竞相向前，太宗几乎被他们打败。太宗左右开弓，敌兵无不应弦落马，将敌军的大将燕颀俘获。世充于是撤去慈涧的据点回到东都。太宗派行军总管史万宝自宜阳往南占据龙门，刘德威自太行向东包围河内，王君廓自洛口截断贼寇的运粮通道。又派黄君汉率水军夜晚从孝水河顺流而下袭击回洛城，攻克了它。黄河以南，无不响应，城堡一个接一个前来投降。大军进驻邙山。九月，太宗带五百名骑兵先去观察地形，突然与世充率领的一万多人相遇，双方会战，又破敌军，斩首级三千余，俘获大将陈智略，只有世充独自脱身。他所委任的筠州总管杨庆派使者要求投降，太宗派李世勣率军出轘辕道安抚杨庆的部队。荥、汴、洧、豫等九州相继前来投降。世充于是向窦建德求救。

武德四年二月，太宗又进驻青城宫。营垒还没有建立起来，世充的部队两万人即出方诸门临谷水列阵。太宗率精壮骑兵在北邙山列阵，命令屈突通率步兵五千渡过谷水攻击敌军，于是告诫屈突通说：『等两军交战就放烟为号，我当率骑兵南下。』军队刚交战，太宗率骑兵冲击敌人，挺身走在队伍前方，与屈突通里外相应。贼军拼死战斗，多次散而复合。自辰

时到午时，敌人才开始后退。太宗趁势纵兵追击，俘虏和杀死敌军八千人，于是部队前进到洛阳城下扎营。世充不敢再出来，只环城固守，以等待窦建德的援兵。太宗派各部队在营外挖壕沟，营四周布满长围子以利防守。吴王杜伏威派他的将领陈正通、徐召宗率精兵二千前来同太宗的部队会合。伪郑州司马沈悦献虎牢关投降，将军王君廓同他里应外合，擒获了关里的伪荆王王行本。

正好窦建德领兵十多万前来援救世充，到了酸枣。萧瑀、屈突通、封德彝都认为腹背受敌，恐怕不是万全之策，要求退兵到谷州以观察敌情。太宗说：『世充粮尽，内外离心，我们合当不费力攻击，坐等他自己破败而得利。建德新破孟海公，将骄兵惰，我们应该进兵据守虎牢，扼制要害之地。贼寇如果冒险与我们决战，击破他们是必然的。如果贼寇不战，十日间世充当自崩溃。如果不迅速进兵，贼寇一入虎牢，各城新归附我们，必定无法守住。那时世充、建德两贼协力，我们将怎么办呢？』屈突通又要求解东都之围移军险要之地以等待敌军的变化，太宗不允许。于是留下屈突通辅助齐王李元吉包围世充，亲自率领步、骑兵三千五百人奔赴虎牢。

建德自荥阳西上，筑垒于板渚，太宗屯武牢，相持二十余日。谍者曰：『建德伺官军刍尽，候牧马于河北，因将袭武牢。』太宗知其谋，遂牧马河北以诱之①。诘朝，建德果悉众而至②，陈兵汜水，世充将郭士衡阵于其南，绵互数里，鼓噪，诸将大惧。太宗将数骑升高丘以望之，谓诸将曰：『贼起山东，未见大敌。今度险而嚣，是无政令③；逼城而阵，有轻我心。我按兵不出，彼乃气衰，阵久卒饥④，必将自退，追而击之，无往不克。吾与公等约，必以午时后破之。』建德列阵，自辰至午，兵士饥倦，皆坐列，又争饮水，逡巡敛退⑤。太宗曰：『可击矣！』亲率轻骑追而诱之，众继至。建德回师而阵，未及整列，太宗先登击之，所向皆靡。俄而众军合战，嚣尘四起。太宗率史大奈、程咬金、秦叔宝、宇文歆等挥幡而入，直突出其阵后，张我旗帜。贼顾见之，大溃。追奔三十里，斩首三千余级，虏其众五万，生擒建德于阵。太宗数之曰：『我以干戈问罪，本在王世充，得失存亡，不预汝事，何故越境，犯我兵锋？』建德股栗⑥而言曰：『今若不来，恐劳远取⑦。』高祖闻而大悦，手诏曰：『隋氏分崩，崤函隔绝。两雄合势，一朝清荡。兵既克捷，更无死伤。无愧为臣，不忧其父，并汝功也⑧。』乃将建德至东都城下。世充惧，率其官属二千余人诣军门请降，山东悉平。太宗入据宫城，令萧瑀、窦轨等封守府库，一无所取，令记室房玄龄收隋图籍。于是诛其同恶段达等五十余人，枉被囚禁者悉释之，非罪诛戮者祭而诔之。大飨将士⑨，班赐有差。高祖令尚书左仆射裴寂劳于军中。

六月，凯旋。太宗亲披黄金甲，阵铁马一万骑，甲士三万人，前后部鼓吹，俘二伪主及隋氏器物辇辂献于太庙。高祖大悦，行饮至礼以享焉⑩。高祖以自古旧官不称殊功⑪，乃别表徽号，用旌勋德。

十月，加号天策上将、陕东道大行台，位在王公上。增邑二万户，通前三万户。赐金辂一乘，衮冕之服，玉璧一双，黄金六千斤，前后部鼓吹及九部之乐，班剑四十人。于时海内渐平，太宗乃锐意经籍，开文学馆以待四方之士。行台司勋郎中杜如晦等十有八人为学士，每更直阁下，降以温颜，与之讨论经义，或夜分而罢。未几，窦建德旧将刘黑闼举兵反，据洺州。

十二月，太宗总戎东讨。五年正月，进军肥乡，分兵绝其粮道，相持两月。黑闼窘急求战，率步骑二万，南渡洺水，晨压官军。太宗亲率精骑，击其马军，破之，乘胜蹂其步卒，贼大溃，斩首万余级。先是，太宗遣堰洺水上流使浅，令黑闼得渡。及战，乃令决堰，水大至，深丈余，贼徒既败，赴水者皆溺死焉。黑闼与二百余骑北走突厥，悉虏其众，河北平。时徐圆朗阻兵徐、兖，太宗回师讨平之，于是河、济、江、淮诸郡邑皆平。十月，加左右十二卫大将军。

注释 ①牧马河北以诱之：在黄河北岸放马以引诱敌人。②悉众而至：倾巢出动。③度险而嚣，是无政令：他们要通过险要之地而喧闹，这是军中没有规矩法度的表现。④阵久卒饥：列阵时间长了，士兵感到饥饿。⑤逡巡敛退：收兵退回。⑥股栗：两腿打颤。⑦今若不来，恐劳远取：现在如果我不来，怕还要有劳您到远方去拿我。⑧并汝功也：这些全是你的功劳。⑨大飨将士：大肆宴请将士。⑩行饮至礼以享焉：行饮至礼犒劳太宗。⑪以自古旧官不称殊功：认为自古的官号与太宗的功劳不相称。

译文 建德由荥阳西上，筑营垒于板渚，太宗驻虎牢，双方相持二十余日。间谍报告说：『建德等候官军草料用尽，侦察到官军在黄河北岸放马，就将袭击虎牢。』太宗知道敌人的计划，于是将马匹放在黄河的北岸引诱敌人。第二天早晨，建德果然倾巢而动，列军汜水，世充的将领郭士衡也列阵于建德之南，绵延数里，击鼓呼叫，将领们非常害怕。太宗带数名骑兵登上高地了望敌阵，对将领们说：『这些贼寇起于山东，未遇见大敌。现在他们将要通过险要之地却如此喧闹，这是军队中没有规矩法令的表现；逼近城堡而列阵，这是有轻我之心。我们按兵不出，敌军的锐气就会渐衰，列阵时间一长，兵士饥饿，必将自己退兵，那时追击敌人，无往不克。

我与诸位相约，一定在午时后破敌。』建德列阵，自辰时至午时，兵士饥饿疲倦，都坐在队列里，又争水喝，不一会收兵退走。太宗说：『可以出击了！』亲自率领轻骑兵追赶并引诱敌人，大部队也接着赶到。建德把军队掉转过来列阵，还来不及整理队伍，太宗就先上前进攻，所到之处，敌皆倒退。一会儿众军合战，喊声四起，尘土飞扬。太宗率领史大奈、程咬金、秦叔宝、宇文歆等挥旗进入敌阵，直接冲杀到敌军阵后，张开我军的旗帜。贼寇回头见到旗帜，溃不成军。太宗追击逃兵跑了三十里地，斩敌军首级三千余，俘获敌兵五万名，在阵中活捉了建德。太宗责备他说：『我兴师问罪，目标本在王世充。得失存亡，不干你事，为什么越过自己的境域，触犯我军的锋芒？』建德吓得两腿发抖说道：『现在我如果不来，怕还要有劳您到远方去拿我。』高祖听到胜利的消息非常高兴，亲自给太宗写诏书说：『隋朝分崩离析，崤山函谷关隔绝不通。两个豪杰势力相联，一时就把他们清除。军队既打胜仗，又没有死伤。无愧是臣子的表率，不让自己的父亲忧虑，这些都是你的功劳。』

太宗于是带着建德到东都城下。世充害怕，率领他的部属二千多人到营门要求投降，山东全部平定。太宗进驻东都宫城，命令萧瑀、窦轨等封闭和防守仓库，一无所取，命令记室房玄龄收集隋朝的地图和户籍。于是诛杀和窦、王一起作恶的段达等五十余人，无辜被囚禁的人一律释放，无罪被杀害的人都加以祭奠并作悼辞。大宴将士，分等级颁赏。高祖派尚书左仆射裴寂到军中慰问。

六月，凯旋回京。太宗身披黄金甲，队伍中有披甲的骑兵、战马一万，带甲的步兵三万人，前后部鼓吹乐，俘获的两个伪皇帝和隋朝的器物、辇车等献到太庙。高祖非常高兴，在太庙行饮至礼犒劳太宗。高祖认为自古以来已有的官号同太宗的特殊功勋不相称，于是另立徽号，以表彰太宗的功德。十月，加号天策上将，领陕东道大行台，地位在王公之上。增加封邑两万户，连以前的共三万户。赐给太宗用黄金作装饰的大车一辆，衮冕服，玉璧一双，黄金六千斤，前后部鼓吹乐及九部乐，持木剑的仪仗队四十人。

当时海内逐渐平定，太宗于是专心研读经籍，开设文学馆以接待四方的士人。行台司勋郎中杜如晦等十八人任学士，常轮流在馆里值班，太宗和颜悦色，同他们讨论经义，有时到夜半才休息。

没多久，窦建德的旧将刘黑闼起兵反叛，占据洺州。十二月，太宗统兵东讨。

武德五年正月，进军肥乡，分兵截断敌人的运粮道路，双方相持两个月。刘黑闼窘迫惶急，求战心切，率领步、骑兵两万，往南渡过洺水，清晨逼近官军。太宗亲自率领精壮骑兵，攻打敌人的马军，击破它，然后乘胜追击敌人的步兵，贼寇大败，斩敌首级一万多。在这以前，太宗派人在洺水上游筑坝挡水，使河变浅，让黑闼能够渡河。等到战斗打响，就下令决坝，结果大水流到河深丈余，敌军溃败后，往河里跑的人全被淹死。刘黑闼与两百多骑兵向北逃往突厥，他的部下全被俘虏，河北平定。当时徐圆朗拥兵于徐、兖二州，太宗回师讨伐他，于是黄河、济水、长江、淮水各郡邑全部平定。十月，加授太宗左右十二卫大将军。

七年秋，突厥颉利、突利二可汗自原州入寇，侵扰关中。有说高祖云：『只为府藏子女在京师，故突厥来，若烧却长安而不都，则胡寇自止。』高祖乃遣中书侍郎宇文士及行山南可居之地，即欲移都。萧瑀等皆以为非，然终不敢犯颜正谏。太宗独曰：『霍去病，汉廷之将帅耳，犹且志灭匈奴。臣忝备藩维，尚使胡尘不息，遂令陛下议欲迁都，此臣之责也。幸乞听臣一申微效，取彼颉利。若一两年间不系其颈，徐建移都之策，臣当不敢复言。』高祖怒，仍遣太宗将三十余骑行划。还日，固奏必不可移都，高祖遂止。八年，加中书令。

九年，皇太子建成、齐王元吉谋害太宗。六月四日，太宗率长孙无忌、尉迟敬德、房玄龄、杜如晦、宇文士及、高士廉、侯君集、程知节、秦叔宝、段志玄、屈突通、张士贵等于玄武门诛之。甲子，立为皇太子，庶政皆断决①。太宗乃纵禁苑所养鹰犬，并停诸方所进珍异，政尚简肃，天下大悦。又令百官各上封事，备陈安人理国之要。己巳，令曰：『依礼，二名不偏讳。近代已来，两字兼避，废阙已多，率意而行，有违经典。其官号、人名、公私文籍，有「世民」两字不连续者，并不须讳。』罢幽州大都督府。辛未，废陕东道大行台，置洛州都督府，废益州道行台，置益州大都督府。壬午，幽州大都督庐江王瑗谋逆，废为庶人。乙酉，罢天策府。七月壬辰，太子左庶子高士廉为侍中，右庶子房玄龄为中书令，尚书右仆射萧瑀为尚书左仆射，吏部尚书杨恭仁为雍州牧，太子左庶子长孙无忌为吏部尚书，右庶子杜如晦为兵部尚书，太子詹事宇文士及为中书令，封德彝为尚书右仆射。

八月癸亥，高祖传位于皇太子，太宗即位于东宫显德殿。遣司空、魏国公裴寂柴告于南郊。大赦天下。武德元年以来责情流配者并放还。文武官五品已上先无爵者赐爵一级，六品已下加勋一转。天下给复一年。癸酉，放掖庭宫女三千余人。

注释 ①庶政皆断决：各方面的政务都由他决断。

译文 武德七年秋，突厥颉利、突利两可汗由原州入侵，袭扰

关中。有人劝说高祖道：『只因为财宝女子在京师，所以突厥人来，如果烧掉长安城而不以它为首都，那么胡寇自然不来。』高祖于是派中书侍郎宇文士及巡视山南可居之地，准备迁都。萧瑀等都认为这样做不对，但终不敢冒犯天子，正言劝谏。太宗独自进谏说：『霍去病，汉朝的一个将帅罢了，尚且立志消灭匈奴。臣充诸侯王之数，还使边患不息，于是让陛下准备迁都，这都是臣的责任。现在有幸乞求陛下听任臣效些微之劳，拿住那颉利。如果一两年间不能把绳子套在他颈上，慢慢再立迁都之策，臣当不敢再说什么。』高祖发怒，仍派太宗带领三十多名骑兵去巡视栈道。回来的时候，太宗坚决奏请一定不能迁都，高祖于是打消迁都的念头。八年，加授太宗中书令。

武德九年，皇太子建成、齐王元吉图谋杀害太宗。六月四日，太宗率领长孙无忌、尉迟敬德、房玄龄、杜如晦、宇文士及、高士廉、侯君集、程知节、秦叔宝、段志玄、屈突通、张士贵等在玄武门杀建成、元吉。甲子，太宗被立为皇太子，各种政务都由他裁定。太宗于是放走禁苑中所养的鹰犬，并命各地停止进献珍异之物，政治崇尚简约严肃，天下人非常高兴。又命令百官各上密封的奏章，细述安民治国的要旨。己巳发布命令说：『依照礼制的规定，两个字的名字不单个避讳。近代以来，两个字的名字都单个避讳，名号、词语、书籍等废弃、空缺已多。随意而行，有违经典。凡官号、人名、公私文书，有「世民」两字不相连的，都不须避讳。』撤销幽州大都督府。辛未，废除陕东道大行台，设置洛州都督府；废除益州道行台，设置益州大都督府。壬午，幽州大都督庐江王李瑗图谋叛逆，废为平民。乙酉，撤销天策府。

七月壬辰，太子左庶子高士廉任侍中，右庶子房玄龄任中书令，尚书右仆射萧瑀任尚书左仆射，吏部尚书杨恭仁任雍州牧，太子左庶子长孙无忌任吏部尚书，右庶子杜如晦任兵部尚书，太子詹事宇文士及任中书令，封德彝任尚书右仆射。

八月癸亥，高祖传位给皇太子，太宗在东宫显德殿即位。派司空、魏国公裴寂在南郊烧柴祭告上天。大赦天下的罪人。武德元年以来被流放到边远地区的人全部放回。文武官五品以下原先无爵的赐给最低一等爵，六品以上各加勋官一级。天下免除徭役一年。癸酉，放走后宫里的宫女三千多人。

新唐书

二十四史精华

宋·欧阳修　宋祁著

杨贵妃传

新唐书精华

玄宗贵妃杨氏，隋梁郡通守汪四世孙。徙籍蒲州，遂为永乐人。幼孤，养叔父家。始为寿王妃。开元二十四年，武惠妃薨，后廷无当帝意者①。或言妃姿质天挺②，宜充掖廷③，遂召内禁中，异之④，即为自出妃意者，丐籍女官⑤，号『太真』，更⑥为寿王聘韦诏训女，而太真得幸。善歌舞，邃晓音律⑦，且智算警颖⑧，迎意辄悟⑨。帝大悦，遂专房宴，宫中号『娘子』，仪体与皇后等。

注释 ①无当帝意者：找不到皇帝中意的人。②或言妃姿质天挺：有人说杨妃的容貌禀性天生出众。③宜充掖廷：应该充任妃嫔。④异之：玄宗认为杨妃不同寻常。⑤丐籍女官：请求担任宫中女官。⑥更：另外。⑦邃晓音律：深通音律。⑧智算警颖：智能超群。⑨迎意辄悟：揣摩他人心意总能猜中。

译文 唐玄宗贵妃杨氏，隋梁郡通守杨汪的第四代孙。她家移居蒲州，于是成为永乐人。她年幼时父母去世，在叔父家长大。起初为玄宗的儿子寿王的妃子。开元二十四年，武惠妃去世，后宫中没有一个皇帝中意的人。有人说杨妃天生丽质，可以充任妃嫔，于是玄宗就把她召入宫中，见过面后，玄宗认为杨妃不同于常人，就让她当成是出于自己的心意，请求担任宫中女官，并为她取号太真，另替寿王娶韦诏训的女儿为妻。太真入宫后就得到天子的宠幸。她能歌善舞，精通音律，而且才智超群，总能猜中他人心意。皇帝非常高兴，于是单只让她一人侍寝侍宴，宫中称她为娘子，待她的礼仪规格和皇后一样。

天宝初，进册贵妃。追赠父玄琰太尉、齐国公。擢叔玄珪光禄卿，宗兄铦鸿胪卿，锜侍御史，尚太华公主。主，惠妃所生①，最见宠遇。而钊亦浸显②。钊，国忠也。三姊皆美劭，帝呼为姨，封韩、虢、秦三国，为夫人，出入宫掖，恩宠声焰震天下。每命妇入班，持盈公主等皆让不敢就位。台省、州县奉请托，奔走期会过诏敕。四方献饷结纳，门若市然。建平、信成二公主以与妃家忤，至追内封物，驸马都尉独孤明失官。

它日，妃以谴还铦第③，比中仄，帝尚不御食，笞怒左右。高力士欲验帝意，乃白以殿中供帐、司农酒饩百余车送妃所，帝即以御膳分赐。力士知帝旨，是夕，请召妃还，下钥安兴坊门驰入。妃见帝，伏地谢，帝释然，抚尉良渥。明日，诸姨上食，乐作，帝骤赐左右不可赀。由是愈见宠，赐诸姨钱岁百万为脂粉费。铦以上柱国门列戟，与锜、国忠、诸姨五家第舍联亘，拟宪宫禁，率一堂费缗千万。见它第有胜者，辄坏复造，务以瑰侈相夸诩，土木工不息。帝所得奇珍及贡献分赐之，使者相衔于道，五家如一④。

注释 ①主，惠妃所生：太华公主是武惠妃生的，最受玄宗宠爱优待。②钊亦浸显：杨钊的地位慢慢变得显赫起来。③妃以谴还铦第：贵妃因遭受玄宗责备被送回杨铦家中。④五家如一：赏赐给五家的礼物都一样。

译文 天宝初年，皇帝册封太真为贵妃。追赠她的父亲杨玄琰为太尉、齐国公。提拔她的叔父杨玄珪任光禄卿，族兄杨铦任鸿胪卿，杨锜任侍御史，还让杨锜娶太华公主为妻。太华公主是武惠妃生的，最受玄宗宠爱优待。而杨钊的地位也逐渐显赫起来。杨钊就是杨国忠。贵妃的三个姊姊都长得很漂亮，皇帝喊她们姨，封她们为韩国、虢国、秦国夫人，她们出入宫廷，蒙受恩宠，声威气焰震动天下。每次宫外有封号的妇女入宫晋见，按规定的位次排列，玄宗的妹妹持盈公主等都谦让杨氏诸姨，不敢就位。中央官署和州县的官吏接受杨家人的私下嘱托，立即奔走办理，自定期限，比办皇帝下令要办的事还卖力。四方都有人送礼物与他们结交，杨家的门庭若市。玄宗的女儿建平、信成两公主因与贵妃家人不和，玄宗甚至把宫中分赐给她们的东西追回，信成公主的丈夫驸马都尉独孤明还因此而丢官。

有一天，贵妃因受到玄宗的责备被送回杨铦家中，等到过了中午，皇帝还不进食，抽打在身边侍候的人，对他们大发脾气。高力士想试探一下皇帝的心意，于是报告玄宗，请求把宫中张设的帷帐、司农寺供给的酒和食品等一百多车东西送到杨宅，皇帝不但同意，还当即把自己的御膳分赐给贵妃。力士明白皇帝的旨意，这一天晚上，就请求把贵妃召回宫中，于是打开安兴坊坊门，贵妃的车马经那里驰入皇宫。贵妃见到皇帝，伏地谢罪，皇帝非常高兴，很好地抚慰了她一番。第二天，杨家诸姨往宫里进献美食，宴会的音乐一演奏起来，皇帝就猛给他身边的人赏赐东西，其数量多得无法计算。从此贵妃更加受到玄宗的宠爱。玄宗赐给杨家诸姨每人每年钱一百万，作为她们的脂粉费。杨铦以正二品勋官上柱国的身分，立戟于住宅门前，同杨锜、杨国忠、杨家诸姨等五家宅第相连，都仿效皇宫

的建筑，大概建一个厅堂要费钱一千万。杨家人见别人的宅第有胜过自己的，就拆掉重盖，务以宅第的瑰伟奢丽相夸耀，大兴土木，没有停止的时候。皇帝得到的奇珍异物及四方贡品都分赐给他们，宫中派出的送物使者接连不断，赐给五家的礼物都要一样。

妃每从游幸，乘马则力士授辔策。凡充锦绣官及冶瑑金玉者，大抵千人，奉须索，奇服秘玩，变化若神。四方争为怪珍入贡，动骇耳目。于是岭南节度使张九章、广陵长史王翼以所献最，进九章银青阶，擢翼户部侍郎，天下风靡。妃嗜荔支，必欲生致之，乃置骑传送，走数千里，味未变已至京师。

天宝九载，妃复得谴还外第，国忠谋于吉温①。温因见帝曰：『妇人过忤当死，然何惜宫中一席广为铁锧地，更使外辱乎？』帝感动，辍食，诏中人张韬光赐之。妃因韬光谢帝曰：『妾有罪当万诛，然肤发外皆上所赐，今且死，无以报。』引刀断一缭发奏之，曰：『以此留诀。』帝见骇惋②，遽召入，礼遇如初。因又幸秦国及国忠第，赐两家钜万。

国忠既遥领剑南，每十月，帝幸华清宫，五宅车骑皆从，家别为队，队一色，俄五家队合，烂若万花，川谷成锦绣，国忠导以剑南旗节。遗钿堕舄，瑟瑟玑琲，狼藉于道，香闻数十里。十载正月望夜，妃家与广宁主僮骑争阛门，鞭挺欢竞，主堕马，仅得去。主见帝泣，乃诏杀杨氏奴，贬驸马都尉程昌裔官。国忠之辅政，其息昢尚万春公主，暄尚延和郡主；弟鉴尚承荣郡主。又诏为玄琰立家庙，帝自书其碑。铦、秦国早死，故韩、虢与国忠贵最久。而虢国素与国忠乱，颇为人知，不耻也。每入谒，并驱道中，从监、侍姆百余骑，炬蜜如尽，靓妆盈里，不施帏障，时人谓为『雄狐』。诸王子孙凡婚聘，必先因韩、虢以请，辄皆遂，至数百千金以谢。

注释 ①国忠谋于吉温：杨国忠与吉温商议。②帝见骇惋：皇帝既吃惊又叹惜。

译文 贵妃常跟随天子出外游乐，贵妃骑马，高力士就亲自给她递缰绳、马鞭。总计宫中在负责织锦刺绣以及负责铸造、雕刻金玉器物的部门工作的工匠，大致有一千人，他们接受贵妃的索取，各种稀奇的服饰、珍玩都能制作，变化如神。四方争相制作奇珍异物进献给贵妃，东西的奇特精巧，每每骇人耳目。岭南节度使张九章、广陵长史王翼由于进献的东西没人能比得上，天子晋升张九章为从三品散官银青光禄大夫，提拔王翼为户部侍郎，天下人于是无不追随这股风。贵妃嗜食荔枝，一定要吃新鲜的，于是特设驿骑传送，跑数千里地，荔枝送到了京师，味道还没有变化。

天宝九载，贵妃又受到天子的责备，被送回宫外的住宅，杨国忠跑去找吉温商议，吉温于是进见皇帝说：『妇女过分不顺从应当处死，但陛下为什么爱惜宫中可用来处斩的一张席子大的地方，却让她到外面去丢脸呢？』皇帝的感情被触动，停止进食，命令宦官张韬光把自己的食物赐给贵妃。贵妃依靠张韬光传话，与皇帝告别道：『妾有罪应当被处死一万次，但除身体头发外，妾的所有东西都是皇上所赐，现在妾将死去，没有可用来报答皇上的东西。』随即拿刀割下一束头发进献给皇帝，说道：『留下这东西与陛下诀别。』皇帝见到她的头发后，既吃惊又叹惜，急忙召她入宫，还像从前那样对她以礼相待。接着天子又亲临秦国夫人和杨国忠的府第，赐给这两家无数财物。

杨国忠遥领剑南节度使以后，每年十月，皇帝到华清宫，杨氏五家的人马都随从，每家单独排成一队，每队都穿同一种颜色的衣服，一会儿五家的队伍合在一起，灿烂犹如万花竞放，川谷化为锦绣，杨国忠还用剑南节度使的旗旗作为队伍的前导。队伍所经之地，遗落的首饰，扔下的鞋子，还有琴瑟、珠串，乱七八糟地在路上躺着，香气传到数十里外。天宝十载正月十五晚上，贵妃家人与玄宗的女儿广宁公主的随从争过市门，杨氏家奴挥鞭打人，双方喧闹争吵，公主跌下马来，只得躲开。公主找皇上哭诉，于是玄宗下令杀掉杨氏家奴，但公主的丈夫驸马都尉程昌裔也被贬官。国忠当宰相，他的儿子杨昢娶玄宗的女儿万春公主为妻，杨暄娶延和郡主为妻；他的弟弟杨鉴娶承荣郡主为妻。玄宗又下令为贵妃的父亲杨玄琰立家庙，皇帝亲自书写家庙的碑文。杨铦、秦国夫人早死，所以韩国、虢国夫人和杨国忠显达的时间最长。虢国夫人向来和杨国忠淫乱，颇为外人所知，而不以为耻。每次入宫谒见天子，两人在道上并驾齐驱，随从的宦官、侍婢有一百多，都骑在马上，蜡烛照耀得如同白昼，妆饰艳丽的妇女充满街巷，虢国夫人连障帘都不用，当时人说这是齐襄公的淫妹行径。诸王的子孙凡有婚嫁之事，一定要先通过韩国、虢国夫人，然后向天子报告，这样做便都能如愿，诸王甚至用数百金或上千金来感谢她们。

初，安禄山有边功，帝宠之，诏与诸姨约为兄弟，而禄山母事妃，来朝，必宴饯结欢。禄山反，以诛国忠为名，且指言妃及诸姨罪。帝欲以皇太子抚军，因禅位，诸杨大惧，哭于廷。国忠入白妃，妃衔块请死，帝意沮，乃止①。及西幸至马嵬，陈玄礼等以天下计诛国忠，已死，军不解。帝遣力士问故，曰：『祸本尚在！』帝不得已，与妃诀②，引而去③，缢路祠下，裹尸以紫茵，瘗道侧④，年

三十八。

帝至自蜀，道过其所，使祭之，且诏改葬。礼部侍郎李揆曰：『龙武将士以国忠负上速乱，为天下杀之。今葬妃，恐反仄自疑。』帝乃止。密遣中使者具棺椁它葬焉。启瘗，故香囊犹在，中人以献，帝视之，凄感流涕，命工貌妃于别殿⑤，朝夕往，必为鲠欷。

马嵬之难，虢国与国忠妻裴柔等奔陈仓，县令率吏追之，意以为贼，弃马走林。虢国先杀其二子，柔曰：『丐我死！』即并其女刺杀之，乃自刭，不殊，吏载置于狱，问曰：『国家乎？贼乎？』吏曰：『互有之。』乃死，瘗陈仓东郭外。

注释 ①帝意沮，乃止：皇帝很沮丧，于是放弃了那样的做法。②与妃诀：和贵妃诀别。③引而去：让人将其带走。④瘗道侧：埋葬在大路的旁边。⑤命工貌妃于别殿：命令画工在偏殿里画上贵妃肖像。

译文 起初，安禄山有边功，皇帝宠信他，命他与杨家诸姨结为兄弟，而禄山则拜贵妃为母，禄山每次来京朝见天子，杨家人必定设宴招待，同他建立友好关系。后来安禄山造反，以讨伐杨国忠为借口，而且公开指出贵妃及杨家诸姨的罪恶。皇帝想让皇太子统率军队，并把帝位禅让给他，杨家诸人极为恐惧，聚在庭院里痛哭。杨国忠入宫禀告贵妃，贵妃口衔土块请求天子将自己处死，皇帝心情沮丧，于是便没有那样做。等到潼关失守，玄宗西行到了马嵬驿，陈玄礼等就以为天下人考虑这个原因而杀掉杨国忠，当杨国忠已死，军队将士仍不散去。皇帝派高力士询问原因，将士们说：『祸乱的根子还在！』皇帝不得已，与贵妃诀别，让人把她带走，勒死在路旁的祠庙里，用紫色褥子裹尸，埋在大路边，这时贵妃三十八岁。

后来玄宗自蜀郡回长安，路经马嵬驿，派人祭奠贵妃，且下令改葬。礼部侍郎李揆说：『龙武军将士因为杨国忠有负于皇上，招致祸乱，替天下人杀掉杨国忠。现在改葬贵妃，恐怕将士们会疑虑不安。』玄宗于是没有正式改葬贵妃。他秘密派遣宦官备好棺椁把贵妃的遗体迁移到别的地方安葬。挖开埋贵妃的地方，贵妃原先佩带的香囊还在，宦官把它献给玄宗，玄宗看到香囊后，伤感落泪，于是就命画工在偏殿里画贵妃的像，早晚前去看望，一定要哽咽抽泣。

马嵬驿事变发生的时候，虢国夫人和杨国忠的妻子裴柔等逃往陈仓，她们猜想是逆贼作乱，便扔下马跑进树林里。虢国夫人先杀掉她的两个孩子，裴柔说：『请让我死！』虢国夫人马上把她和她的女儿一起刺死，然后自己抹脖子，但还没有断气，官吏就把她驮在马上送进监狱，虢国夫人问道：『是国家要杀我们？还是逆贼作乱？』县吏回答说：『都是。』于是死去，被埋在陈仓东城外。

旧五代史

二十四史精华

宋·薛居正等著

冯道传

冯道，字可道，瀛州景城人。其先为农为儒，不恒其业①。道少纯厚，好学能文，不耻恶衣食，负米奉亲之外，唯以披诵吟讽为事，虽大雪拥户，凝尘满席，湛如也。

天祐中，刘守光署为幽州掾。守光引兵伐中山，访②于僚属，道常以利害箴之，守光怒，置于狱中，寻为人所救免。守光败，遁归太原，监军使张承业辟为本院巡官。承业重其文章履行，甚见待遇。时有周玄豹者，善人伦鉴③，与道不洽，谓承业曰：『冯生无前程，公不可过用。』时河东记室卢质闻之曰：『我曾见杜黄裳司空写真图，道之状貌酷类焉，将来必副大用④，玄豹之言不足信也。』承业寻荐为霸府从事，俄署太原掌书记，时庄宗并有河北，文翰甚繁，一以委之。

庄宗与梁军夹河对垒，一日，郭崇韬以诸校伴食⑤数多，主者不办，请少罢减。庄宗怒曰：『孤为效命者设食都不自由，其河北三镇，令三军别择一人为帅，孤请归太原以避贤路⑥。』遽命道对面草词，将示其众。道执笔久之，庄宗正色促焉，道徐起对曰：『道所掌笔砚，敢不供职。今大王屡集大功，方平南寇，崇韬所谏，未至过当⑦，阻拒之则可，不可以向来之言，喧动群议，敌人若知，谓大王君臣之不和矣。幸熟而思之⑧，则天下幸甚也。』俄而崇韬入谢，因道之解焉，人始重其胆量。

注释 ①不恒其业：即没有固定的职业。②访：征求意见。③善人伦鉴：善于品鉴人物。④副大用：受重用。⑤伴食：即吃闲饭。⑥贤路：指贤人晋升的路。⑦过当：即过分。⑧熟而思之：反复考虑之意。

译文 冯道，瀛州景城人，字号可道。他的祖先有的务农，有的从学，没有固定从事的职业。冯道小时候就纯朴厚道，喜欢学习，善于写作，不以布衣食物粗劣为耻，除了供养孝敬养父母之外，其余时间都用作诵读诗书典籍，不管是大雪封门，还是积尘满席，他也仍然平淡自足。

在天祐年间，他被刘守光任用为幽州掾吏。当刘守光领兵攻伐中山时，刘守光向幕僚属吏咨询，而冯道却经常用成败关系重大来规谏他。刘守光大怒，把冯道关押在监狱中，随即被人解救。刘守光失败后，冯道逃奔到太原，监军使张承业招他为本院巡官。张承业器重冯道的文章操行，冯道很受礼遇厚待。当时有个叫周玄豹的，善于评论人，但与冯道不融洽，就对张承业说：『姓冯的没有发展前途，您不可过分任用。』当时河东记室卢质闻知此言说：『我曾见过杜黄裳司空的肖像图，冯道的相貌和他十分类似，将来必受重用，周玄豹的话不

值得听信。』张承业随即荐举冯道为河东镇府从事，不久又被委任为太原掌书记。当时庄宗李存勖兼并占有河北，文书事务极为繁忙，全委托给冯道处理。

庄宗同梁军在黄河两岸对峙。一天，郭崇韬因众将校中吃闲饭无事可做的人数量过多，主管部门供给不上，请求稍稍裁剪。李存勖发怒说：『我为卖命效力的人谋取食物都不自由，对于河北三镇三军将士另外选择一个人当主帅，我自请返归太原来为贤者让路。』他立即命令冯道当面草拟文辞，准备向他的部众宣布。冯道执笔很久，李存勖神色严肃地催促他，冯道慢慢地起身回答说：『我所担任的是文职工作，怎敢不按职责办事。但如今大王屡建大功，正在平定南方贼寇，郭崇韬的进谏，并不过分失当，拒绝他就可以；千万不可用刚才的话，引起部众喧哗骚动。敌人倘若知道，就认为大王君臣之间不和了。望您深思熟虑，则天下大幸啊。』不一会儿郭崇韬前来道歉，这是由于冯道的劝解，人们这才看重冯道的胆量。

庄宗即位邺宫，除省郎，充翰林学士，自绿衣赐紫。梁平，迁中书舍人、户部侍郎。丁父忧①，持服②于景城。遇岁俭，所得俸余，悉赈于乡里，道之所居，唯蓬茨而已，凡牧宰馈遗，斗粟匹帛，无所受焉。时契丹方盛，素闻道名，欲掠而取之，会边人有备，获免。

明宗入洛，遽谓近臣安重诲曰：『先帝时冯道郎中何在？』重诲曰：『近除翰林学士。』明宗曰：『此人朕素谙悉③，是好宰相。』俄拜端明殿学士，端明之号，自道始也。未几，迁中书侍郎、刑部尚书平章事。凡孤寒士子，抱才业、素知识者，皆与引用，唐末衣冠，履行浮躁者，必抑而置之。有工部侍郎任赞，因班退④，与同列戏道于后曰：『若急行，必遗下《兔园册》。』道知之，召赞谓曰：『《兔园册》皆名儒所集，道能讽之。中朝士子止看文场秀句，便为举业，皆窃取公卿，何浅狭之甚耶！』赞大愧焉。复有梁朝宰臣李琪，每以文章自擅，曾进《贺平

中山王都表》，云『复真定之逆城』。道让琪曰：『昨来收复定州，非真定也。』琪昧⑤于地理，顿至折角⑥。其后百僚上明宗徽号凡三章，道自为之，其文浑然，非流俗之体，举朝服焉。道尤长于篇咏，秉笔则成，典丽之外，义含古道，必为远近传写，故渐畏其高深，由是班行肃然，无浇醨之态。继改门下侍郎、户部吏部尚书、集贤殿弘文馆大学士，加尚书左仆射，封始平郡公。一日，道因上谒既退，明宗顾谓侍臣曰：『冯道性纯俭，顷在德胜寨居一茅庵，与从人同器食，卧则刍藁一束，其心晏如⑦也。及以父忧退归乡里，自耕樵采，与农夫杂处，略不以素贵介怀，真士大夫也。』

注释 ①忧：去世之意。②持服：服丧之意。③谙悉：非常熟悉。④因班退：即趁着列班退朝。⑤昧：不明之意。⑥顿至折角：顿时被驳正受挫。⑦其心晏如：他的心境平静如水。

译文 庄宗在邺官即位，任命冯道为尚书省郎官，充任翰林学士，官服由绿衣改赐高官紫服。在平定梁朝，他又被迁升为中书舍人、户部侍郎。到他父亲去世后，冯道在景城守孝服丧。灾荒之年，冯道便将自己所得俸禄的节余，全用作赈济给乡里百姓。冯道所居住的，只是柴门茅屋而已。凡是州守县令的馈赠，冯道连一斗粮食、一匹绢帛都不接受。当时契丹势力正盏盛，早就听说冯道的名声，打算夺取他，适逢边境军队有防备，冯道得以免遭厄运。

唐明宗进入洛阳之时，立即对身边大臣安重诲说：『先皇帝时的冯道郎中现在在什么地方呢？』安重诲回答道：『新近被任命为翰林学士。』明宗说：『这个人朕非常熟悉，他是个好宰相。』不久任命冯道为端明殿学士；因而端明这个称号，从冯道开始使用。不久，冯道迁升中书侍郎、刑部尚书平章事。凡是出身卑微的士人学子，具有才干学识的，冯道全都加以引荐任用；像唐末官员操行浮躁的，冯道必定抑制而弃置不用。有个工部侍郎任赞，乘着列班退朝，和同僚在后面奚落冯道说：『倘若行走太急，必定会掉下《兔园册》（乡儒习书）。』冯道知道后，召见任赞说：『《兔园册》都是名儒所集录的，我能背诵。朝中士人只看考场文章的任句，便当做科举学业，都想借以窃取公卿高位，为何浮浅狭隘到如此地步呀！』任赞大为惭愧。又有原后梁宰辅大臣李琪，常以写文章作为自己的专长，曾经献进《贺平中山王都表》，说什么『收复真定之叛城』。冯道责备李琪说：『日前收复的是定州，不是真定。』李琪不明地理，顿时被驳正受挫。此后朝廷百官总共三次进献上明宗徽号的表章，都由冯道亲笔撰写。其文浑然一体，不同流行庸俗的体制，举朝上下为之叹服。冯道尤其擅长文章诗词，提笔即成，除了词语典雅华丽之外，还具义理包含古道，必定被远近四方传诵抄写。所以群臣逐渐敬畏冯道学问的高深，从此朝班行列风气严肃，没有轻薄之态。接着冯道改官门下侍郎、户部吏部尚书、集贤殿弘文馆大学士，加官尚书左仆射，封始平郡公。有一天，在冯道朝见退下后，唐明宗回头对侍从大臣说：『冯道天性纯朴，先前在德胜寨居住在一个茅草小庵，和随从同用一个餐具吃饭，睡觉就用干草一捆，他心境平和、安定。当他因父亲去世离任回乡，一点不把尊贵放在心上，亲自从事耕作打柴，和农夫共处，是真正的士大夫啊。』

天成、长兴中，天下屡稔①，朝廷无事。明宗每御延英，留道访以外事，道曰：『陛下以至德承天，天以有年表瑞，更在日慎一日，以答天心。臣每记在先皇霸府日，曾奉使中山，径井陉之险，忧马有蹶失②，不敢怠于衔辔，及至平地，则无复持控，果为马所颠仆，几至于损。臣所陈虽小，可以喻大。陛下勿以清晏丰熟，便纵逸乐，兢兢业业，臣之望也。』明宗深然之。他日又问道曰：『天下虽熟，百姓得济③否？』道曰：『谷贵饿农，谷贱伤农，此常理也。臣忆得近代有举子聂夷中《伤田家诗》云：「二月卖新丝，五月粜秋谷，医得眼下疮，剜却心头肉。我愿君王心，化作光明烛，不照绮罗筵，偏照逃亡屋。」』明宗曰：『此诗甚好。』遽命侍臣录下，每自讽之。道之发言简正，善于裨益，非常人所能及也。时以诸经舛缪，同列李愚委学官田敏等，取西京郑覃所刊石经，雕为印板④，流布天下，后进赖之。

明宗崩，唐末帝嗣位，以道为山陵使，礼毕，出镇同州，循故事⑤也。道为政闲澹，狱市无挠。一日，有上介胡饶，本出军吏，性粗犷，因事诟道于牙门，左右数报不应。道曰：『此必醉耳！』因召入，开尊设食，尽夕而起，无挠愠⑥之色。未几，入为司空。

注释 ①稔：丰收之意。②蹶失：失蹄跌倒。③得济：过上好日子。④雕为印板：雕成印刷底板。⑤循故事：即依照惯例。⑥挠愠：恼怒之意。

译文 在天成、长兴年间，全国各地都连年丰收，朝廷内外清闲无事。唐明宗每次在延英殿会见朝臣，都留下冯道向他咨询外部事宜。冯道说：『陛下的德行奉天承运，上天便用年成丰收来表示吉祥，然而现在更需陛下一天比一天谨慎，用以回报上天的心意。臣常常回忆起在先皇藩镇府邸时，曾奉命出使中山，经过井陉的险关，担心马会有失蹄跌倒，不敢大意放松缰绳；但当我走到平地，就不再留心控制，结果被马绊到，差点丧命。臣下所陈述的事虽然小，却可以比喻大事。陛下不要因为太平丰收，便放纵享乐，而君主您依然兢兢业业，是臣下所

盼望的。』唐明宗深以为是。又有一天，明宗又问冯道说：『天下虽然丰收，但百姓能得到接济否？』冯道说：『粮价贵了农民要受饿，粮价贱了又会伤农。臣下记得近代有个举子聂夷中写的《伤田家诗》云：「二月卖新丝，五月粜秋谷，医得眼下疮，剜却心头肉。我愿君王心，化作光明烛，不照绮罗筵，偏照逃亡屋。」』明宗说：『此诗很好。』马上命令侍臣记录下来，经常自己讽诵。冯道发表言论简洁纯正，善于裨益朝政，不是常人所能比得上的。当时因为各种儒学经文大多错误很多，冯道就和同僚李愚委托学官田敏等人，用西京郑覃所刊石经，雕成可供印刷的木版，颁发全国各地，后来求学的人获益匪浅。

唐明宗去世后，唐末帝继位，任用冯道为山陵使，明宗的葬礼结束后，冯道离京领镇同州，这是依照惯例安排的。冯道为政清闲淡泊，凡政治经济政策不做太多更动，无所干扰。一天，有个上介人胡饶，原本出身军吏，性格粗鲁，因为某事在牙门辱骂冯道，左右侍从多次报告，冯道不加理睬。冯道说：『他必定是醉了！』因而召见入内，陈列樽俎摆设食物，到晚上胡饶才起身回去，冯道脸上没有恼怒之色。不久，冯道又入京为司空。

及晋祖入洛，以道为首相。二年，契丹遣使加徽号于晋祖，晋祖亦献徽号于契丹，谓道曰：『此行非卿不可。』道无难色①。晋祖又曰：『卿官崇德重，不可深入沙漠。』道曰：『陛下受北朝恩，臣受陛下恩，何有不可！』及行，将达西楼，契丹主欲郊迎，其臣曰：『天子无迎宰相之礼。』因止焉，其名动殊俗也如此。及还，朝廷废枢密使，依唐朝故事，并归中书，其院印付道，事无巨细，悉以归之②。寻加司徒、兼侍中，进封鲁国公。晋祖曾以用兵事问道，道曰：『陛下历试诸艰，创成大业，神武睿略，为天下所知，讨伐不庭，须从独断。臣本自书生，为陛下在中书，守历代成规，不敢有一毫之失也。臣在明宗朝，曾以戎事问臣，臣亦以斯言答之。』晋祖颇可③其说。道尝上表求退，晋祖不之览，先遣郑王就省，谓曰：『卿来日不出，朕当亲行请卿。』道不得已出焉。当时宠遇，无与为比。

晋少帝即位，加守太尉，进封燕国公。道尝问朝中熟客曰：『道之在政事堂，人有何说？』客曰：『是非相半④。』道曰：『凡人同者为是，不同为非，而非道者，十恐有九。昔仲尼圣人也，犹为叔孙武叔所毁⑤，况道之虚薄者乎！』然道之所持，始终不易。后有人间道于少帝曰：『道好平时宰相，无以济其艰难，如禅僧不可呼鹰耳！』由是出道为同州节度使。岁余，移镇南阳，加中书令。

曰：『儒臣何能为，皆诸将之力也。』道以德重，人所取则，乃为众择诸将之勤宿者，以骑校白再荣权为其帅，军民由是帖然，道首有力焉。道在常山，见有中国士女为契丹所俘者，出橐装以赎之，皆寄于高尼精舍，后相次访其家以归之。

又，契丹先留道与李崧、和凝及文武官等在常山，是岁闰七月二十九日，契丹有伪诏追崧，令选朝士十人赴木叶山行事。契丹麻答召道等至帐所，欲谕⑤之，崧偶先至，知其旨，惧形于色。麻答将以明日与朝士齐遣之，嵩乃不俟⑥道，与凝先出，既而相遇于帐门之外，因与分首俱归。俄而李筠等纵火与契丹交斗，鼓鼙相及。是日若齐至，与麻答相见，稍或踌躇，则悉为俘矣。时论者以道布衣有至行，立公朝有重望，其阴报昭感，多此类也。

注释 ①衣冠：这里指的是中原士大夫。②俄而：不久之意。③复：收复。④同列：指同朝官员。⑤谕：告诉。⑥不俟：即没有等到。

译文 契丹攻入汴京，冯道由襄、邓地区被征召入朝，契丹国主就随和地问他：『怎样才可解救天下百姓？』冯道说：『这时的百姓，就是佛祖再出世都不能救助他们，而今只有皇帝您能救得。』后来中原百姓不至斩尽杀绝，都靠冯道和赵延寿暗救护的结果。

就在这年三月，冯道随契丹人北上，和晋室公卿大臣一齐抵达常山。不久，契丹国主去世，永康王耶律兀接着掌柜契丹部众。当永康王北归离去，留下他本族耶律解里占据常山。当时汉军群情激奋，就一同赶走解里，旋即光复常山城。冯道率领同僚，四处安抚，因事制宜，分别安定各方。有人推许他的功劳，冯道说：『儒臣能做什么，这都是众将领的力量啊。』冯道以德行受到尊重，成为人们效法的榜样，于是为部众挑选将领中勤勉老成的，让骑校白再荣临时为主帅。军队因此能够安定顺服，冯道在其中起到首要作用。冯道在常山，经常用行李中的钱财来赎取被契丹军队所俘获的中原男女，把他们暂时安置在僧尼寺院，然后一一寻访他们的家人送他们回家。

又有一事，契丹人先前留下冯道和李崧、和凝以及文武官员等在常山。在这年的闰七月二十九日，耶律兀下诏书征召李崧，要他挑选朝廷官员十人赶赴木叶山安葬耶律德光。契丹将领麻答召见冯道等到帅帐，准备通知他们，李崧偶然先到，得知诏书旨意，现出恐惧的脸色。麻答准备在第二天将他们和十名朝廷官员一齐遣送，李嵩于是不等冯道到来，同和凝先出走；过了一会儿冯道和他们在帐门外相遇，就离开契丹人一起回归。不久李筠等纵火同契丹军队交战，刀枪相加。这天倘若冯道和李嵩等一齐到达，和麻答相见，稍有犹豫，就全被契丹俘获了。当时评论的人认为冯道当平民时就有高尚品行，有重大声望远播朝廷内外，他感通神灵而受到暗中保护，因此他的事迹大多都是这一类。

广顺初，复拜太师、中书令，太祖甚重之，每进对①不以名呼。及太祖崩，世宗以道为山陵使。会河东刘崇入寇，世宗召大臣议欲亲征，道谏止之，世宗因言：『唐初，天下草寇蜂起，并是太宗亲平之。』道奏曰：『陛下得如太宗否？』世宗怒曰：『冯道何相少②也！』乃罢。及世宗亲征，不令扈从③，留道奉太祖山陵。时道已抱疾。及山陵礼毕，奉神主归旧宫，未及祔庙，一夕薨于其第，时显德元年四月十七日也，享年七十有三。世宗闻之，辍视朝④三日，册赠尚书令，追封瀛王，谥曰文懿。

道历任四朝，三入中书，在相位二十余年，以持重镇俗⑤为己任，未尝以片简扰于诸侯，平生甚廉俭，逮至末年，闺庭之内，稍徇奢靡。其子吉，尤恣狂荡⑥，道不能制，识者以其不终令誉，咸叹惜之。

史臣曰：道之履行，郁有古人之风；道之宇量，深得大臣之体。然而事四朝，相六帝，可得为忠乎！夫一女二夫，人之不幸，况于再三者哉！所以饰终之典，不得谥为文贞、文忠者，盖谓此也。

注释 ①进对：进朝应对。②相少：即小看。③扈从：跟从之意。④辍视朝：停止上朝。⑤持重镇俗：即守成持重稳定天下之意。⑥狂荡：任意妄为。

译文 冯道在周广顺初年又被任命为太师、中书令。周太祖非常器重他，在他每次进朝应对时不直呼其名。当太祖去世，世宗任命冯道为山陵使。正逢河东刘崇领兵进犯，世宗召见大臣商议，冯道劝谏阻止世宗亲自出征，周世宗就说：『唐朝初年，天下草贼蜂起，都是唐太宗亲自领兵平定的。』冯道上奏说：『陛下能做到和太祖一样吗？』周世宗发怒说：『冯道何等小看我啊！』于是作罢。及至周世宗亲自出征，不让冯道随从，留冯道侍奉周太祖陵墓。当时冯道已经抱病在身。及至周太祖灵柩安葬大礼完毕，冯道护送神主返归旧宫，还没来得及行祔庙礼，一天晚上在自己宅第里去世，那是显德元年四月十七日，冯道享年七十三岁。周世宗闻讯，停止上朝三天，册封赠授冯道尚书令，追封为瀛王，谥号为文懿。

冯道历任四朝之官，三次进入中书门下，在相位达二十余年，以守成持重稳定天下为自己的职责，没有用片言只语打扰过藩镇诸侯。他平生极为廉洁俭朴，直到晚年，闺阁庭园之内才逐渐趋向奢侈糜费。他的儿子冯吉，特别恣肆放荡，冯道不能约束他，熟识的人因冯道不能最终保持好名声，全都感叹惋惜。

史臣评论说：冯道的操守，大有古人的遗风；冯道的器

度，很符合朝廷大臣体制。然而效劳四朝，辅佐六帝，能称得上忠诚吗？一个女人嫁两个丈夫，已是人的不幸，何况冯道再三再四呢！所以冯道死后追尊的典礼，不能用文贞、文忠为谥号，就是这个缘故。